26,00

HEINER MÜLLER

O ESPANTO NO TEATRO

Coleção Textos – Dirigida por
João Alexandre Barbosa
Roberto Romano
Trajano Vieira
J. Guinsburg

Equipe de realização – Revisão de texto: Nanci Fernandes; Revisão de provas: Cristina Futida; Capa: Adriana Garcia; Produção: Ricardo W. Neves, Heda Maria Lopes e Raquel Fernandes Abranches.

HEINER MÜLLER
O ESPANTO NO TEATRO

INGRID D. KOUDELA (Org.)

Títulos dos originais em alemão:

Der Horatier ; *Macbeth* e *Rotwelsch*.

© All rights reserved by Suhrkamp Verlag, Frankfurt am Main.

Direitos reservados para o Brasil à
EDITORA PERSPECTIVA S.A.
Av. Brigadeiro Luís Antônio, 3025
01401-000 – São Paulo – SP – Brasil
Telefax: (0--11) 3885-8388
www.editoraperspectiva.com.br
2003

SUMÁRIO

Nota de Edição 9

Cronologia 11

Heiner Müller na Cena Brasileira 15

Dentes Podres em Paris 17

INTRODUÇÃO
Brecht e Müller – *Ingrid Dormien Koudela* 21
Heiner Müller na Pós-Modernidade – *Ruth Röhl* 33

IDÉIAS SOBRE TEATRO
O Espanto como a Primeira Aparição do Novo 45
Fatzer ± Keuner 49
Artaud 57
Sangue na Sapatilha ou O Enigma da Liberdade:
   Para Pina Bausch 59

ENTREVISTAS E DEPOIMENTOS
O Anjo sem Sorte 65

Muros 67
Diálogo com Bernard Umbrecht 103

PEÇAS

O Horácio 121
Macbeth 133

Bibliografia 193

NOTA DE EDIÇÃO

Heiner Muller: O Espanto no Teatro, reúne num conjunto textos representativos da criação e da reflexão, das concepções e da experimentação desse autor cuja poética dialetizada encontra sua forma de construção e expressão original no *fragmento sintético*. Trata-se, sem dúvida, de um instrumento particularmente apropriado para uma dramaturgia que busca uma visão integrada do mundo através de um processamento dialético do conhecimento e de um modelo experimental de prática cênica, como se verifica em suas idéias sobre o teatro e que tem a sua contrapartida na formalização textual de peças como *O Horácio* e *Macbeth*, inéditas no Brasil e insertas no presente volume.

Um segundo aspecto a ressaltar na edição ora apresentada ao leitor de língua portuguesa é a ênfase dispensada não só à pontuação ensaística das posições teóricas e críticas de Heiner Müller, como à manifestação ao vivo, da palavra falada, no registro das entrevistas e diálogos que assinalam a sua participação e intervenção no debate artístico, político e social da segunda metade do século XX, dentro e fora da Alemanha. Na bibliografia do escritor, somam mais de 120 entradas e compreendem um espectro que, conforme os interlocutores, vai das análises científicas sobre problemas da escritura poética até questão de política cultural, constituindo-se em importante via de remessa aos textos elaborados com deliberação literária. Daí o espaço que lhes foi aqui dedicado com a inclusão de várias dessas entrevistas que, assim, voltam a falar por si da personalidade intelectual e das idéias de seu locutor.

Complementam o volume, afora o estudo de Ingrid D. Koudela sobre "Brecht e Müller" e o de Ruth Röhl acerca de "Heiner Müller na Pós-modernidade", uma abrangente cronologia biobibliográfica e imagens que fazem vislumbrar feições íntimas e características de uma obra que, dando procedimento à concepção brechtiana da revelação das contradições, despede-se da narração linear e da tradição da escritura realista. Em seu lugar, com a lógica do sonho, do trabalho da memória, da sensibilidade não-domesticada, ela estabelece, como poucas em nosso tempo, o universo e a pauta de uma luta intransigente pelos direitos da mulher, das minorias, do terceiro mundo e de todas as formas de opressão.

J. Guinsburg e Ingrid D. Koudela

CRONOLOGIA

1929 – Heiner Müller nasce em 9 de janeiro, em Eppendorf, aldeia da Saxônia. Sua família é proveniente da classe operária. Sua mãe foi operária têxtil e seu pai um funcionário do Partido Social-Democrata, durante a República de Weimar, depois da Primeira Guerra Mundial.

1933 – Prisão do pai pelos nazistas, por ser funcionário do partido SPD.

1944-1945 – Aos dezesseis anos, foi enviado ao fronte, fazendo parte do Reichsarbeitsdienst (Força de Trabalho do Reich), presenciando a última batalha de Mecklenburg, ao norte da Alemanha, no final da guerra. Cai prisioneiro de guerra dos americanos. Em liberdade, conclui os estudos de segundo grau em Frankenburg, na Saxônia. Trabalhou como bibliotecário e começou a escrever poemas e pequenos contos que tinham uma orientação ideológica imposta pelo stalinismo. Trabalhou como jornalista, no cargo de redator da revista *Junge Kunst* (Arte Jovem), começando a reunir os materiais que farão parte dos primeiros esboços de seus textos teatrais.

1949 – Dá-se a divisão final da Alemanha em dois estados: a RDA – República Democrática Alemã (Alemanha Oriental) e a RFA – República Federal da Alemanha (Alemanha Ocidental).

1951 – Residindo em Berlim Oriental, ganha seu sustento fazendo resenhas de obras literárias para o semanário *Sonntag*. Procura contato com Brecht, primeiro na casa deste e depois no *Berliner Ensemble*. Elabora cenas sobre a guerra e o fascismo, mais tarde montadas na peça *Die Schlacht* (A Batalha).

1951 – Fuga do pai para a Alemanha Ocidental, após a unificação dos partidos KPD e SPD.

1955 – Começa a trabalhar na peça *Traktor* (O Trator).

1956 – Escreve *Der Lohndrücker* (O Achatador de Salários) em colaboração com a esposa Inge, escritora e poetisa. Redige cenas posteriormente desenvolvidas em *Germania Tod in Berlin* (Germânia, Morte em Berlim).

1956 – No XX Congresso do Partido Soviético, Kruschev revela a magnitude do regime de terror de Stalin.

1956 – Morre Bertolt Brecht.

1957 – Escreve a radiopeça *Die Korrektur* (A Correção) em colaboração com Inge. Reelaborada, devido a problemas com a censura, é montada junto com *Der Lohndrücker*, em 1959.

1958 – Primeira montagem de uma peça de Müller na RDA – *Zehn Tage, die die Welt erschütterten* (Dez Dias que Abalaram o Mundo), de 1956, em comemoração aos quarenta anos da Revolução de Outubro.

1958-1960 – Trabalho como colaborador no *Maxim Gorki Theater*, em Berlim. Em 1958 começa a redigir *Philoktet* (Filoctetes).

1959 – Recebe, com Inge Müller, o Heinrich Mann Preis da Akademie der Künste de Berlim Oriental, pelas peças *Der Lohndrücker* e *Die Korrektur*.

1961 – Conclui a peça *Die Umsiedlerin* (A Trasladada), iniciada em 1956. Embora reescrita, a encenação é proibida e Müller expulso da Associação dos Escritores por dois anos.

1963 – Começa a escrever *Der Bau* (A Construção).

1964 – Termina as peças *Philoktet* e *Der Bau* e escreve *Herakles 5* (Héracles 5).

1966 – Elabora a peça *Ödipus Tyrann* (Édipo Tirano) e traduz *Wie es euch gefällt*, (Como Gostais), de Shakespeare. Suicídio de Inge Müller.

1967-1968 – Escreve *Prometheus* (Prometeu), além da peça didática *Der Horatier* (O Horácio).

1969 – Escreve *Die Weiberkomödie* (A Comédia das Mulheres) tendo como pré-texto a radiopeça *Die Weiberbrigade* (A Brigada das Mulheres), de Inge Müller.

1970 – A partir dessa data, trabalha como Dramaturg (dramaturgista[1]) no Berliner Ensemble, mudando em 1976 para o Volksbühne de Berlim Oriental. Em 1970 escreve a peça didática *Mauser*.

1971 – Conclui *Germanias Tod in Berlin* e escreve *Macbeth* (a partir de Shakespeare).

1972 – Escreve, a pedido do Berliner Ensemble, a peça *Zement* (Cimento).

1974 – Conclusão das peças *Traktor* (Trator) e *Die Schlacht. Szenen aus Deutschland* (A Batalha. Cenas da Alemanha).

1975 – Conferências na Universidade de Austin/Texas (USA). Em seguida, viagem pelos Estados Unidos e México.

1976 – Escreve *Leben Grundlings von Preussen LessingsSchlafTraumSchrei* (Vida de Grundling Frederico da Prússia SonoSonhoGritodeLessing). Assina, juntamente com outros escritores, um protesto contra a expulsão de Wolf Biermann da RDA.

1977 – Elabora *Die Hamletmaschine* (Hamletmáquina).

1978 – Em março, é estreada a montagem, de sua autoria, dos fragmentos do *Fatzer* de Brecht – *Untergang des Egoisten Johann Fatzer* (Decadência do Egoísta Johann Fatzer) na Schauspielhaus de Hamburgo.

1979 – Escreve a peça *Der Auftrag. Erinnerung an eine Revolution* (A Missão. Lembrança de uma Revolução). Em maio recebe o Muhlheimer Dramatikerpreis pela peça *Germanias Tod in Berlin* (Germânia. Morte em Berlim). Participa da discussão sobre pós-modernismo, em Nova York, a convite de Ihab Hassan.

1980 – Elabora a peça *Quartett* (Quarteto).

1981 – Escreve a cena *Herzstück* (Peça Coração), estreada no *Schauspielhaus* de Bochum, no contexto do projeto Unsere Welt.

1982 – Escreve a peça *Verkommenes Ufer Medeamaterial Landschaft mit Argonauten* (Margem Abandonada Medeamaterial Paisagem com Argonautas), *Medeamaterial* (Material Medéia).

1983 – É eleito membro da Akademie der Künste de Berlim Oriental. Apresentação de várias de suas peças no festival que teve lugar em Haia/Holanda, no período de 20 de maio a 6 de junho. Participação de grupos teatrais de vários países, exceto da RDA.

1984 – Trabalha com Robert Wilson no projeto de *CivilWars* (Guerras Civis), planejado para as Olimpíadas de Los Angeles. Elabora

---

1. Conselheiro literário e teatral agregado a uma companhia teatral, a um encenador ou responsável pela preparação do espetáculo. Cf. *Dicionário de Teatro*, São Paulo, Perspectiva, 1999, p. 117.

Anatomie Titus Fall of Rome. Ein Shakespeare Kommentar (Anatomia de Tito Fall of Rome Um Comentário a Shakespeare) e *Bildbeschreibung* (Descrição de Imagem). Dá início à seqüência de *Wolokolamskei Chausee* (A Estrada de Wolokolamsker).

1985 – Estréia de *Wolokolamsker Chaussee 1*; *Russische Eröffnung* (Estrada de Wolokolamsker 1. Abertura Russa) e *Bildbeschreibung*. Em outubro, Müller recebe o Büchner-Preis da Deutsche Akademie Für Sprache und Dichtung de Darmstadt/RFA.

1986 – Estréia de *Wolokolamsker Chaussee 2*, *Wald bei Moskau* (Estrada de Wolokolamsker 2, Floresta perto de Moscou).

1987 – Estréia de *Wolokolamsker Chaussee 3*, *Das Duell* (Estrada de Wolokolamsker 3. O Duelo). São publicadas as seqüências *4, Kentauren, ein Greuelmärchen aus dem Sächsischen des Gregor Samsa* (4, Centauros, Um Conto de Fadas Assustador do saxônico de Gregor Samsa) e *5, Der Findling* (O Enjeitado). Em 7 de outubro, feriado nacional da RDA, Müller recebe o Nationalpreis Erste Klasse por sua obra, apesar de esta não ter sido totalmente publicada, nem encenada na RDA.

1988 – Tem lugar, em Berlim Ocidental, o Festival Heiner Müller, no período de 20 de junho a 10 de julho. Vinda ao Brasil na segunda quinzena de julho, a convite da *Folha de S. Paulo*.

1990 – É eleito presidente da Akademie der Künste em Berlim Oriental. Recebe o Kleist-Preis. Discurso de recepção: "Deutschland Ortlos" ("Alemanha Lugar Nenhum").

1990 – Em Frankfurt am Main, de 19 de maio a 4 de junho, realiza-se a Experimenta 6, dedicada à produção teatral de Heiner Müller.

1991 – Recebe o Prêmio Europa de Teatro.

1993 – Em janeiro o Berliner Ensemble é reaberto sob a intendência de Heiner Müller. É acusado de ter sido colaborador e informante da antiga STASI (polícia secreta da RDA).

1994 – Adaptação de *Tristão e Isolda*, de Wagner, para a temporada de Bayreuth. Encenação de *O Fragmento Fatzer* no Berliner Ensemble.

1995 – Direção de *Arturo Ui*, de Bertolt Brecht, no Berliner Ensemble.

1995 – Falece em Berlim, no dia 30 de dezembro.

1996 – Vem a lume seu último trabalho, Germânia 3. *Gespenster am Toten Mann* (Germânia. Fantasmas Junto ao Morto).

HEINER MÜLLER NA CENA BRASILEIRA

1986: *Quarteto*, sob a direção de Gerald Thomas, Rio de Janeiro.
1987: *Hamletmaschine*, Marilena Ansaldi sob a direção de Márcio Aurélio, São Paulo.
1988: *Eras* (Filolctetis, O Horácio, Mauser), sob a direção de Márcio Aurélio, São Paulo.
1989: *Relações Perigosas* (Quarteto, Medeamaterial), sob a direção de Gabriel Vilela, São Paulo.
1989: *A Missão*, sob a direção de Carlos Nereu, Natal.
1989: *A Missão*, sob a direção de Márcio Aurélio, São Paulo.
1991: *Descrição de Imagem*, sob a direção de Paulo Goya, São Paulo.
1993: *Peça Coração*, sob a direção de Márcio Aurélio, São Paulo.
1993: *Medeamaterial*, sob a direção de Márcio Meirelles, Salvador.
1993: *A Missão*, sob a direção de Fernando Lobo, Rio de Janeiro.
1996: *Quartett*, sob a direção de Gerald Thomas, São Paulo.
1996: *A Missão*, sob a direção de Luiz Pazzini, São Luís.
2000: *Hamletmaschine*, com o grupo Oi Nois Aqui Traveiz, Porto Alegre.
2001: *Material Fatzer*, com direção de Márcio Meirelles, Salvador.

DENTES PODRES EM PARIS*

Algo está me carcomendo

Eu fumo demais
Eu bebo demais

Eu morro por demais lentamente

---

* Tradução de Ingrid Dormien Koudela.

Introdução

BRECHT E MÜLLER

Ingrid Dormien Koudela

> *É verdade, ele viveu em tempos sombrios.*
> *Os tempos se tornaram mais claros.*
> *Os tempos se tornaram mais sombrios.*
> *Quando a claridade diz eu sou a obscuridade*
> *Ela diz a verdade*
> *Quando a obscuridade diz eu sou*
> *A claridade, não está mentindo*
>
> Heiner Müller

"Um fantasma abandona a Europa"[1], escreve Heiner Müller no decorrer dos eventos que marcaram a queda do muro de Berlim. O fantasma deixou atrás de si um escritor inútil?

Hoje, que o fantasma já pode ser nomeado abertamente, há ainda necessidade de usar máscaras para dialogar com os mortos?

É de se temer que, abandonando a Europa, o fantasma confira um valor premonitório ao "homem no elevador"[2], na busca desesperada de sua missão?

Estamos lidando com uma obra envelhecida prematuramente pelo tempo, subitamente fora dos eixos?[3]

O passado, individual e coletivo, precisa mais do que nunca ser invocado, e muitos fantasmas, mais antigos e mais recentes, hão de fazer a sua aparição. "É preciso aceitar a presença dos mortos como parceiros de diálogo ou como destruidores – somente o diálogo com os mortos engendra o futuro"[4].

---

1. Heiner Müller, *Ein Gespenst verlässt Europa*, Frankfurt, Kiepenhauer & Witsch, 1990.
2. Heiner Müller, "A Missão. Lembrança de uma Revolução", em Fernando Peixoto (org.), *Teatro de Heiner Müller*, São Paulo, Hucitec/Associação Cultural Bertolt Brecht, 1987.
3. *Idem, ibidem.*
4. *TransAtlantic*, 1990.

"A partir de hoje e por muito tempo não haverá mais neste mundo vencedores, mas apenas vencidos", diz o Egoísta Fatze[5]. Brecht faz o comentário do fragmento: "[...] Como antigamente fantasmas vinham do passado, assim também agora [vêm] do futuro"[6]. E Müller declara, em 1990: "[...] Os fantasmas não ameaçam apenas surgir do passado, mas como motoristas loucos na via expressa do futuro"[7].

Brecht, adulado e rejeitado, caído no esquecimento?

Nascido em 1929, Heiner Müller iniciou sua carreira literária quando o socialismo estava em construção na antiga República Democrática Alemã. A obra de Müller, que está em confronto permanente com a teoria e a prática de Brecht, permite lançar um olhar novo sobre um autor que também virou um fantasma que assola o teatro.

Durante uma espécie de exílio interior, Müller deteve-se na obra do "escrevinhador de peças", depois do qual "... muitas coisas não são mais possíveis ou só são possíveis diferentemente"[8]. Após uma tentativa de levar adiante o fragmento *Reisen des Glückgotts* (Viagens do Deus da Felicidade), de Brecht, Heiner Müller dirá mais tarde que esta empreitada significou para ele uma iluminação sobre a "mudança de função da literatura num período de transição"[9].

Müller tem uma experiência igualmente fecunda para a sua criação através do confronto com a *Lehrstück* (peça didática) de Brecht, em especial com o fragmento *Untergang des Egoisten Johann Fatzer* (Decadência do Egoísta Johann Fatzer), um trabalho inacabado do jovem Brecht, que assume atualidade de singular valor na pós-modernidade[10].

"Eu comecei ali onde Brecht parou"[11]. Nos diálogos com o filósofo Wolfgang Heise, Müller revela sua adesão fundamental, como se a prática prolongada de acordo com a máxima: "usar Brecht sem criticá-lo é traição"[12], lhe tivesse permitido penetrar nos reais fundamentos

---

5. Bertolt Brecht, "Decadência do Egoísta Johann Fatzer", em *Teatro Completo de Bertolt Brecht*, vol. 12, trad. Ingrid Dormien Koudela, Rio de Janeiro, Paz e Terra, 1996.
6. *Idem, ibidem*.
7. Heiner Müller, *Sinn und Form*, 1991.
8. Heiner Müller, *Gesammelte Irrtümer. Interviews und Gespräche*, Frankfurt, Verlag der Autoren, 1986. Brecht gostava de se intitular *Stückeschreiber*, que traduzo por "escrevinhador de peças".
9. *Idem, ibidem*.
10. Ingrid Koudela, *Brecht na Pós-Modernidade*, São Paulo, Perspectiva, 2001.
11. Wolfgang Heise, em Storch (ed.) *Explosion of a Memory Heiner Müller DDR. Ein Arbeitsbuch*, Berlim, Edition Hentrich, 1988.
12. *Idem, ibidem*.

dessa obra. Ou como se a espiral de sua criação o tivesse conduzido ao coração da estética do Teatro Épico.

O estudo da obra de Heiner Müller permite constatar que ali onde ele parece mais distante, na realidade ele está mais próximo de Brecht.

A cadeia de experimentos *Der Horatier* (O Horácio) e *Mauser* é testemunho de sua preocupação com a teoria e a prática da tipologia dramatúrgica da peça didática, criada por Brecht, que a diferencia da *Episches Schaustück* (peça épica de espetáculo).

Durante a fase de experimentação dos *Versuche* (experimentos), Brecht não concebeu suas peças como obras isoladas mas, desde o seu ponto de partida, como elos de uma cadeia. Cada *Versuch* vale por si mesmo, mas a ele se opõe uma *Gegenstück* (contrapeça), uma negação, que poderá ser superada através de uma terceira peça[13]. Na cadeia de experimentos com a peça didática, escrita antes da emigração, esse procedimento dialético pode ser claramente identificado. Ao mesmo tempo, cada tentativa isolada também é modificada e melhorada em si mesma, de forma que, dentro da grande cadeia, formam-se cadeias menores. Se entendermos os textos das peças didáticas como dispositivos para experimentos, então elas devem ser suscetíveis de modificações, na medida em que novas questões ou pontos de vista forem gerados.

Heiner Müller realiza, através de um conteúdo totalmente novo, de forma exemplar, o modelo da *Lehrstück*. O gênero dramático inaugurado por Brecht traz assim uma nova contribuição, não apenas na área da teoria do drama e da nova práxis teatral, através da qual representa também uma alternativa séria para a pedagogia, como também inaugura uma nova tipologia de dramaturgia que se diferencia da dramaturgia tradicional.

Numa sociedade na qual o próprio teatro tornou-se uma indústria e a literatura sua matéria-prima, a proposta da peça didática permanece como sugestão de um modelo de educação político-estético e experimentação teatral que procura gerar novos meios de produção.

Para transformar a sociedade por meio do teatro é indispensável modificar as estruturas do teatro, que são um reflexo das estruturas da sociedade. Heiner Müller resume sua concepção do teatro ao falar do fragmento *Decadência do Egoísta Johan Fatzer*, que ele considera como uma utopia política: "Brecht expressou isso certa vez assim: o teatro épico só existirá até quando cessar a perversidade de transformar um

---

13. Bertolt Brecht, *Versuche*, Berlim, 1930.

luxo em profissão. Trata-se naturalmente de uma utopia política e *Fatzer* é um teatro da utopia"[14].

A obra de Heiner Müller mostra um autor cujo traço é marcado pela intertextualidade. O diálogo com os mortos se faz como uma via de mão dupla na medida em que, participando da história da recepção da literatura, seus textos convivem também com a posteridade.

O teatro épico e a dramaturgia dialética de Brecht têm para Heiner Müller, nos inícios de seu processo de criação, uma importante função formativa.

A peça didática, na obra de Brecht, nasce no conflito legal com a versão filmada da *Ópera dos Três Vinténs*, quando o dramaturgo sentiu a necessidade de produzir uma arte distante da indústria cultural. O embate, iniciado nos tribunais de justiça, como um experimento para revelar a ideologia da indústria cinematográfica, gerou a *Lehrstück* ou o *learning play* (jogo de aprendizagem), como Brecht traduziu o termo para o inglês[15].

Através da peça didática Brecht propõe a superação da separação entre atores e espectadores e busca um novo público, fora da instituição teatral tradicional: alunos em escolas e cantores em corais. Brecht sublinha que a principal função da peça didática é a educação dos participantes através do ato artístico coletivo. O aprendizado se dá através da atuação e não da recepção estética passiva.

A peça didática aponta para uma prática pedagógica na qual o receptor/leitor passa a ser ator/autor do texto. A revisão do texto é parte integrante dessa tipologia dramatúrgica, sendo prevista pelo "escrevinhador de peças" a alteração do texto dramático pelos jogadores. As peças didáticas geram método enquanto *Handlungsmuster* (modelos de ação) para a investigação das relações dos homens entre os homens.

O exercício artístico propiciado pelo "modelo de ação" brechtiano propõe questões didáticas em muitas direções. Uma primeira questão é sobre a formação do educador. Como pode ser introduzida a pedagogia da *Lehrstück*? Esta questão reveste-se de uma dupla complexidade, já que estamos lidando, de um lado com a formação de professores/coordenadores de jogo, e de outro com grupos (classes e platéias) em diferentes locais de aprendizagem (escolas, centros culturais etc.).

Do ponto de vista estético, o conceito de arte de Benjamin, sobretudo a sua proposta do autor como produtor, é decisivo para a concep-

---

14. Heiner Müller, *Gesammelte Irrtümer. Interviews und Gespräche, op. cit.*
15. Ingrid Koudela, *Brecht: Um Jogo de Aprendizagem*, São Paulo, Perspectiva, 1991.

ção artística mülleriana. Assim como já anuncia Brecht, as apropriações dos meios de produção artística são necessárias e importantes para o processo de emancipação do público.

Apoiado em Benjamin e dando continuidade crítica à sua teoria de arte, Müller entende o artista como engenheiro da expropriação de si mesmo. Se Brecht ainda via o espectador no papel de "co-fabulador", o receptor no teatro de Müller deve ser entendido como "co-produtor" em um teatro transformado em "laboratório de fantasia social".

Mauser não é apenas uma reescritura de *A Decisão*, de Brecht, mas também uma radicalização e uma crítica à sua teoria da peça didática. Sobretudo a categoria central dessa teoria, o ensinamento sobre o *Einverständnis*, (acordo), é problematizada através da personagem do carrasco da revolução em *Mauser*. O revolucionário, o indivíduo da história, é reduzido à sua "menor grandeza". Diante da situação extremada das condições de luta revolucionárias, o individualismo do revolucionário só pode ser articulado negativamente, como traição às tarefas da revolução.

Poucas horas antes de sua morte, em conversa com Manfred Wekwerth[16], Brecht definiu *A Decisão*, peça didática escrita em 1930, como "modelo para um teatro do futuro." Esta avaliação contradiz a recepção crítica da peça – acreditava-se que Brecht havia se distanciado deste texto, que resultara, contra a sua vontade, em "tragédia da ideologia". Tendo proibido em vida encenações de *A Decisão*, a opinião manifestada a Wekwerth torna-se altamente contraditória e polêmica. Considerado hoje como o documento literário mais importante do século XX, *A Decisão* exerceu um papel que não pôde cumprir. Até os dias de hoje não é encenada na Alemanha – os herdeiros de Brecht mantêm a interdição de levá-la à cena. Brecht faz um resumo do conteúdo da peça:

[...] quatro agitadores comunistas estão diante de um tribunal do Partido, representado pelo coro de massa. Eles fizeram propaganda comunista na China e se viram obrigados a matar o seu mais Jovem Camarada. A fim de provar ao tribunal a necessidade da medida, eles mostraram como o Jovem Camarada se comportou durante as diversas situações políticas. Mostram que o Jovem Camarada era sentimentalmente um revolucionário, mas não mantinha disciplina suficiente e utilizava pouco a razão, de modo que, sem querer, tornara-se um grave perigo para o movimento. O objetivo da peça didática é, portanto, expor um comportamento político

---

16. Discípulo de Brecht, teórico de teatro, tem vários livros publicados, entre eles *Theater Und Wissensc Haft*, Berlin, Carl Hanser Verlag, 1974 e *Arbeitshefte Der Akademie Der Künste*, RDA.

incorreto, ensinando assim o comportamento correto. A apresentação visa pôr em discussão se um empreendimento como esse tem valor de aprendizagem política.

Embora a fábula de Brecht tenha significado alegórico, seria errôneo tornar absoluto o plano da narrativa, e entender o jogo teatral a ser realizado pelos participantes do processo pedagógico com a peça didática como mero veículo de um exercício que permanecesse no campo racional. As proposições dos textos das peças didáticas brechtianas são núcleos de idéias universais a serem redefinidas e reorganizadas conforme as suas significações são operadas na sua relação com o presente e o cotidiano dos jogadores, através da prática de gestos e atitudes. Ou seja, a atualização do conteúdo do texto se dá mediante a imitação e a crítica dos modelos de ação prefigurados no texto dramático.

A íntima relação entre o processo racional (fábula) e a corporeidade do indivíduo que participa como sujeito ativo do ato artístico coletivo com a peça didática propõe um duplo conflito. Um deles, o da fábula, poderá ser até mesmo solucionado no plano racional. Mas o conflito latente da espontaneidade (o impulso moral e sensível do Jovem Camarada) representa acima de tudo um momento de protesto silencioso da corporeidade. A dialética existente entre racionalidade e espontaneidade é um conflito insolúvel.

A Decisão não propõe uma sentença. Aquele que foi anulado passa por um processo semelhante àquele do condenado na *Colônia Penal*, de Kafka. O Jovem Camarada é submetido a uma lei, com a qual está em desacordo. O Cule, de *A Exceção e a Regra*, o aviador, na *Peça Didática sobre o Acordo*, o menino em *Aquele Que Diz Sim/Aquele Que Diz Não*, eles também aprendem a não somente pensar dialeticamente. Eles são dilacerados por uma maquinaria com precisão terrível. Vêem-se impedidos na sua espontaneidade, não podem ceder "à terrível tentação de exercer a bondade" – ninguém formulou a contradição de modo tão claro quanto Brecht. Shen Té e Shui Tá não são indivíduos psicológicos – o que está em discussão é a instância da espontaneidade individual, submetida ao exame do processo político-social.

Em *Mauser*, contrapeça à *Decisão*, na qual Heiner Müller resgata o princípio do *work in progress* que caracteriza a escritura da peça didática, é levado ao extremo o "dilema existente entre o tempo do sujeito e o tempo do processo histórico", na expressão cunhada por Louis Althusser. A dissonância entre o direito do indivíduo – "eu não quero morrer" – e a indiferença do processo histórico e de seus executores não é solucionada. A direção e o encaminhamento do processo são definidos apenas pela marca de sangue que deixam atrás de si. O que resta é o pânico diante da história, perdendo-se até mesmo o plano alegórico que caracteriza as peças didáticas de Brecht. A instância do sujeito adquire supremacia. Os poemas dramáticos de Heiner Müller têm, já do ponto de vista formal, afinidade com o lírico. Enquanto que em Brecht a contradição existente no plano racional entre o compreender e a sua negação – o não compreender – introduzem o pensamento dialético, no qual os jogadores intervêem corporalmente; em Heiner Müller não existe mais o espaço da negação da negação. Para o indivíduo, enquanto tal, resta o espanto, nascido do horror-pânico diante das deformações incompreensíveis que ditam a existência das massas.

Concebida para ser empregada a todo o momento, em contextos que são a sua comprovação, a proposta da peça didática de Brecht encontra em Heiner Müller uma realização exemplar.

Der Horatier (O Horácio) intitula-se a contrapeça, escrita por Heiner Müller, à peça didática de Brecht *Horácios e Curiácios*. O nome próprio, que substitui o plural pelo singular, é demonstrativo do deslocamento de eixo do conflito. A parábola de Brecht foi escrita a partir de dados históricos sobre a formação de Roma, reportando-se a uma batalha entre os Horácios e os Curiácios latinos, ocorrida na cidade de Alba, na qual um guerreiro Horácio obteve a vitória em um duelo no qual usou de astúcia. A comprovação de que Brecht identificava os Curiácios com a Alemanha nazista e os Horácios com a Rússia invadida pode ser verificada em *Me-ti, o Livro das Mutações*, escrito pelo autor no exílio, na Dinamarca. Um pequeno trecho resume a parábola da peça:

> Me-ti contou: viram-se três homens de Su lutando com três de Ga. Após uma luta demorada, dois de Su foram mortos; entre os de Ga, um estava gravemente ferido e o outro apenas levemente. A derrota de Su parecia completa. Mas então se verificou de repente que a fuga do homem de Su havia modificado tudo. Seu inimigo de Ga o perseguia, sozinho, já que seus compatriotas estavam feridos. Ele foi, no entanto, morto pelos homens de Su. Logo depois, o homem de Su voltou e matou, sem muito esforço, ambos os adversários feridos. Ele havia compreendido que a fuga não é apenas um sinal de derrota, mas também pode ser um meio de vitória.
>
> E Me-ti ainda acrescentou: também, por isso, deve-se chamar o homem de Su de dialético – porque reconheceu que o inimigo não era um inimigo indivisível. Todos os três ainda podiam lutar, mas um ainda estava em condições de correr. Talvez seja melhor dizer: o inimigo ainda podia lutar como um todo, mas só podia correr como um terço. Esse reconhecimento possibilitou a separação.

Hoje, a parábola de Brecht ainda encontra referência em guerras nas quais um Estado forte invade um Estado fraco, levando à guerra de guerrilha. As invasões dos Estados Unidos ao Vietnã e outros países são paradigmáticas do princípio dialético: Há "muitos objetos em um só objeto" – o inimigo poderoso não é um inimigo indivisível.

Der Horatier (*O Horácio*) não é mais um símbolo de regimentos sob seu comando, como na peça de Brecht. O estado de guerra entre Horácios e Curiácios precisa ser solucionado em função da ameaça do inimigo comum – os etruscos. Um Horácio enfrenta um Curiácio e este é morto no duelo. Mas ele era noivo da irmã do Horácio e esta é a única que não festeja a volta do irmão e acaba sendo morta por ele. Um tribunal se estabelece entre os romanos para saber se o Horácio é um vencedor sobre Alba ou um assassino de sua irmã.

Na peça de Müller a representação da mediação dialética entre o direito do indivíduo e o processo histórico suplanta o plano social. Diálogos e rubricas são apresentados na forma de poesia dramática, fazendo parte do texto poético. A problemática da guerra é acirrada pela contradição do indivíduo que pratica a violência. O princípio dialético encontra seu paradigma na frase-chave do texto: "há muitos homens em um só homem".

O tribunal é um processo de reflexão em que é buscada a síntese entre a contradição (herói/assassino). Consumadas as penas (féretro para o herói/féretro para o assassino), a contradição permanece e o povo suscita a última sentença: "Como deve ser chamado o Horácio pela posteridade?"

Através do registro da continuidade do horror do passado, denunciado paradigmaticamente por Müller por meio do personagem do *Anjo sem Sorte*, que acentua a metáfora do Anjo da História de Benjamin, a visão de mundo do dramaturgo passa por um processo de transformação, ou seja, a "[...] arte como perturbação do consenso, como instrumento de subversão"[17].

No confronto com o ensinamento brechtiano e com o patrimônio teórico de Walter Benjamin, Müller estabelece uma inter-relação entre o ensinamento do *Einverständnis* e o conceito de revolução benjaminiano, na qual, através da experiência do reconhecimento, é intencionada uma ação salvadora. "O espanto como a primeira aparição do novo"[18].

No final dos anos setenta, Müller constata nos seus textos uma suspensão da história e despede-se, no plano estético, da *Lehrstück*. A despedida da peça didática[19] não significa, no entanto, a negação de

---

17. Heiner Müller, *Gesammelte Irrtümer*, op. cit.
18. *Idem, ibidem*.
19. Ingrid Koudela, *Brecht: Um Jogo de Aprendizagem*, op. cit.

uma arte engajada politicamente. Müller busca uma alternativa produtiva para interferir de forma provocativa na paisagem cultural. O objetivo perene é a transformação da história. Em lugar da peça didática aparece o fragmento sintético. Ele demonstra a falência da esperança de Müller em uma história progressiva.

O fragmento sintético de Müller persegue uma dupla função. Por um lado, auxilia o autor, através de um processo dialético de conhecimento e de visão de mundo, e por outro serve como experimentação de um modelo de prática teatral coletiva. Como um grito do autor, o fragmento sintético de Müller é também um diálogo com a sociedade, um diálogo que é preenchido de forma crescente com imagens irritantes e metáforas provocativas.

Na procura por uma nova linguagem para a literatura e para o teatro, Müller volta seu olhar, nos anos setenta, para aquilo que é desconhecido, expulso e tabu na sociedade. Müller debruça-se sobretudo sobre o teatro da crueldade de Artaud, enaltecendo um teatro dionisíaco, no qual os impulsos irracionais são liberados. Artaud e Nietzsche são, para Müller, exemplos para a revolta do homem contra a falta de sentido do mundo e da própria vida. O instrumental da razão, e com ele a palavra e o discurso, fenecem diante de uma realidade que produz sempre novos processos históricos catastróficos.

Embora o conceito de peça didática em Müller esteja em grande parte fundamentado na teoria e na prática de Brecht, ele sofre influências das vanguardas históricas. Ao lado de Artaud e Nietzsche é preciso citar Lautréamont, Grotóvski, Brook e Wilson. Entre as influências teóricas, os franceses Bataille, Foucault e Baudrillard. Se acrescentarmos ainda o confronto com Shakespeare, teremos citado as influências decisivas sobre a obra de Müller, na qual figura com destaque, ainda, o confronto com Franz Kafka.

A cegueira da experiência de Kafka é a legitimação de sua autenticidade. O olhar de Kafka como o olhar para o sol, a incapacidade de olhar para o branco do olho da história, como fundamento da política[20].

A obra abrangente de Heiner Müller oferece à crítica teatral uma multiplicidade de campos de trabalho. Ao lado de mais de sessenta textos teatrais, ele publicou oitenta poemas e trinta textos em prosa. Além desses, encontramos mais de vinte traduções e quarenta resenhas.

A bibliografia sobre o autor também informa o quanto a palavra falada, a comunicação oral, é importante para o dramaturgo Müller.

20. Heiner Müller, *Gesammelte Irrtümer, op. cit.*

Ao lado de inúmeros pronunciamentos e contribuições para debates, chama atenção a quantidade de entrevistas e diálogos, que ultrapassam a cifra de 160. Na sua heterogeneidade – o espectro vai, de acordo com os interlocutores, desde conteúdos de análise científica sobre formas de expressão poéticas até questões de política cultural –, eles formam um complemento importante para os textos literários.

Gesammelte Irrtümer (Equívocos Reunidos) é o título dos dois volumes que reúnem entrevistas e depoimentos dados por Heiner Müller na Alemanha, entre 1974 e 1986. As entrevistas e depoimentos inseridos na presente publicação foram traduzidos a partir de *Rotwelch* (citado na bibliografia final), sendo que encontramos o seguinte depoimento na contracapa:

> Por um lado, entrevistas sempre me pareceram maçantes. No entanto, a formulação teórica, ou escrever, é para mim ainda mais trabalhoso. É por isso que, às vezes, mesmo contra a minha vontade e contradizendo o bom senso, me envolvo com entrevistas. Uma coisa é certa: em conversas é possível formular de maneira mais livre do que quando se escreve. E naturalmente o material resultante das entrevistas, mesmo quando impresso, depende muito da situação e do interlocutor, da relação estabelecida etc. Neste sentido, são mais performances, têm mais a ver com teatro do que com literatura. É preciso produzir-se na mesma medida em que as pessoas necessitam produzir-se para o palco.

O número de entrevistas aumenta com a fama crescente de Müller a cada ano. O dramaturgo tornou-se uma instituição. A partir de 1989 Müller engaja-se cada vez mais em uma política cultural contra o esquecimento dos quarenta anos de existência da República Democrática Alemã.

"Os tempos", explicou mais de uma vez, estão "ruins para dramaturgos". Trabalhou como encenador, também com grande sucesso, levando à cena *Arturo Ui*, de Brecht (1993). Em janeiro de 1996 ele pretendia estrear sua nova peça, sobre Hitler e Stálin, no Berliner Ensemble, cuja direção havia assumido em 1992/93. Em 1992 publicou o livro de memória *Krieg ohne Schlacht – Leben in Zwei Diktaturen* (Guerra sem Batalha – Vida em Duas Ditaduras). Criticado por não comentar seus contatos na Stasi, a polícia secreta da RDA, dispara: "Não sou católico e não preciso me confessar. Cada um é culpado de *per se*".

Müller, que recebeu inúmeras condecorações, entre elas o Prêmio Büchner (1986) e o Prêmio Kleist (1991), assume uma posição de destaque entre os dramaturgos alemães contemporâneos, obrigando a pesquisa e a crítica teatral a confrontar-se seguidamente com o autor. Poucos são os escritos científicos sobre o teatro contemporâneo em que o dramaturgo não seja citado. Autor e obra são objeto de inúmeros exames. Entrevistas, ensaios, dissertações e monografias sobre Heiner Müller são publicados para além dos limites alemães e europeus, tanto no Japão como no Brasil, por exemplo.

Entre nós, *O Quarteto* foi a primeira encenação brasileira, com direção de Gerald Thomas (1986). Na inesquecível atuação de Marilena Ansaldi, *Hamletmaschine* (1987) é um marco na carreira de Márcio Aurélio, que viria a dirigir outros textos de Müller, entre eles *A Missão* (1989) e *Eras* – trilogia que reuniu *Filoctetes*, *Mauser* e *O Horácio* (publicado no presente volume).

A Missão insere-se, na produção literária e teatral contemporânea, como documento de um tempo em crise, em que "tudo espera por história". É nesse contexto de um estado em suspenso que Müller situa o Terceiro Mundo. "E história é agora a história do Terceiro Mundo com todos os problemas de fome e superpopulação". De um lado, objeto de colonização, exploração e refugo, de outro, lugar de caos e desordem, o Terceiro Mundo é visto por ele como fermento do novo – "ilhas de desordem", espécie de tumores benignos na medida em que, forçando o convívio com camadas diversificadas de história e cultura, preparam o solo para a mudança.

Na montagem dirigida por Müller, em 1980, os papéis de Debuisson, Antoine e o europeu no elevador, nosso contemporâneo em busca de sua missão, são representados pelo mesmo ator, o que põe em discussão o ato da traição e sobretudo a validade da exportação do modelo revolucionário hegemônico. Já na encenação dirigida por Márcio Aurélio, o monólogo no elevador foi pronunciado por Sasportas como se ele fosse transportado num elevador que atravessasse o tempo. Sasportas assume o Estado e é destruído por ele.

Heiner Müller permite examinar o método de aprendizagem brechtiano e discutir o processo à luz de um dos maiores escritores da pós-modernidade. À releitura de Brecht como autor pós-moderno foram assim abertas as portas através de seu parceiro congenial, abrindo um leque de questões referentes à implicação dos procedimentos pedagógicos do método brechtiano e à historicização dos conteúdos de seu ensinamento:

> Brecht, um autor sem presente, uma obra entre o passado e o futuro. O que foi eliminado foi a sabedoria, o segundo exílio. Hesito em pensá-lo criticamente: o presente é a era das nações industrializadas; a história vindoura, é de se esperar, não será por elas feita; dependerá de sua política se deve ser temida. As categorias de certo ou errado não dão conta da obra de arte. A estátua da liberdade de Kafka carrega uma espada no lugar de um archote. Usar Brecht, sem criticá-lo, é traição.

HEINER MÜLLER NA PÓS-MODERNIDADE

Ruth Röhl

A grande maioria dos críticos atribui a produção pós-moderna de Müller à união Brecht/Artaud, enfatizando a valorização da poética do corpo – no que o aproximam a Pina Bausch – e a influência da *performance*. A partir dos anos setenta, sua obra se insere na produção literária e teatral contemporânea como documento de seu tempo, um tempo de crise, em que "tudo espera por história". E é nesse contexto de um "estado em suspenso", como diz Baudrillard, que Müller situa o Terceiro Mundo. E história é agora a história do Terceiro Mundo com todos os problemas de fome e superpopulação.

De um lado, objeto de colonização, exploração e refugo, de outro, lugar de caos e desordem, o Terceiro Mundo é visto por ele como fermento do novo. "Ilha de Desordem" é também como o autor chama o fragmento, referindo-se, no registro em questão, ao texto em prosa "Héracles 2 ou a Hidra", inserido na peça *Zement* (Cimento) estreada em 1973.

Optando pelo que Wolfgang Heise chama de "dialética poética do fragmento", Müller insere-se na tradição do fragmentário que remonta, no que concerne à modernidade literária alemã, a seus fundadores, F. Schlegel e Novalis. Em texto de 1975, o autor observa que nenhuma literatura é tão rica em fragmentos como a alemã, fenômeno que atribui ao caráter fragmentário da história alemã e à consequente ruptura da relação literatura-teatro-público (sociedade). Em carta a Linzer, então editor da revista *Theater der Zeit*, o autor afirma:

A necessidade de ontem é a virtude de hoje: a fragmentação de um acontecimento acentua seu caráter de processo, impede o desaparecimento da produção no produto, o mercadejamento torna a cópia um campo de pesquisa no qual o público pode co-produzir. Não acredito que uma história que tenha "pé e cabeça" (a fábula no sentido clássico) ainda seja fiel à realidade.

Fragmento é visto aqui como texto que pode variar no tocante à extensão, gênero ou tipo de linguagem cênica. Heise refere-se aos fragmentos müllerianos como "unidades em si" – minidramas, imagens, cenas fantásticas, visões.

O trabalho com o fragmento tem, para o autor, várias funções. Uma delas, de grande importância, é a de impedir a indiferenciação das partes numa aparente totalidade e ativar a participação do espectador. Na verdade, trata-se de uma continuação radicalizada do teatro praticado por Brecht, visando igualmente a uma abertura para efeitos, de forma a evitar que a história se reduza ao palco. O fragmento torna-se produtor de conteúdos, abrindo-se à subjetividade do receptor, correspondendo ao que Müller chama de "espaços livres para a fantasia", em sua opinião uma tarefa primariamente política, uma vez que age contra clichês pré-fabricados e padrões produzidos pela mídia.

O trabalho com o fragmento provoca também a colisão instantânea de tempos heterogêneos, possibilitando a revisão crítica do presente à luz do passado. São muitos os testemunhos de Müller a respeito da necessidade do trabalho de memória; segundo ele, a memória de uma nação não deveria ser apagada, pois isso significaria a sua sentença de morte. Mas não é apenas nesse sentido que se faz indispensável dirigir o olhar para o passado: em sua opinião, para se livrar do pesadelo da história é preciso conhecê-la e dar-lhe o devido valor. A visão mülleriana da história insere-se na tradição dos oprimidos, seguida pela filosofia marxista.

> Marx fala do pesadelo de gerações mortas, Benjamin da libertação do passado. O que está morto não o é na história. Uma função do drama é a evocação dos mortos – o diálogo com os mortos não deve se romper até que eles tornem conhecida a parcela de futuro que está enterrada com eles.

Seguindo critérios que abrangem os níveis de texto, montagem e recepção – no nível textual: radicalização intertextual e desconstrucionista, afastamento da dialética do diálogo em direção à imagem dialética, abertura para a crítica da *Aufklärung* (esclarecimento) e da civilização; no nível de montagem: compreensão semiótica do teatro; no nível de recepção: valorização da co-produção do receptor –, podem-se ordenar as peças pós-modernas de Heiner Müller na seguinte seqüência cronológica:

- *Vida de Gundling Frederico da PrússiaSonoSonhoGritodeLessing* (1976)
- *Hamletmaschine* (1977)
- *A Missão* (1979)
- *Quarteto* (1980)
- *Margem Abandonada Medeamaterial Paisagem com Argonautas* (1982)
- *The CivilWars* (1984)
- *Descrição de Imagem* (1984)
- *Anatomia de Tito Fall of Rome um Comentário a Shakespeare* (1983-1985)
- *A Estrada de Wolokolamsk 1, 2, 3, 4, 5* (1984-1987)
- *Germânia 3. Fantasmas Junto ao Morto* (1986).

Peças intermediárias, como *Germânia Morte em Berlim* (1956-1971) ou *Cimento* (1972), são vistas como prenúncio do afastamento da dramaturgia praticada pelo autor até então; a elas pode se juntar *Trator* (1956/61/70), finalizada no início dos anos setenta, uma vez que também apresenta traços de desconstrução do texto dramático, como inserção de trechos em prosa, elucidativos da ação dramática.

A exemplo de Shakespeare, o "maior ladrão" e o "maior dramaturgo", um "mestre na escolha das fontes e das modalidades de roubo", Müller sempre se serviu do acervo literário universal. Na fase que nos interessa, podemos citar, a esse respeito, Shakespeare, Anna Seghers, Choderlos de Laclos, Eurípides, H. H. Jahnn e Alexander Bek, entre outros. Aliás, a importância de Brecht e de Shakespeare não só é visível em sua obra teatral, mas também está registrada em suas entrevistas:

> Quando posso fazer algo com Artaud, ou estou produzindo algo inspirado nele, então, em todo caso, eu ajo como alguém em quem também Brecht confiou. E no que diz respeito a Brecht, hoje não posso fazer nada com ele senão me aproximar dele através de Shakespeare.

Nas peças anteriormente arroladas, são enfocados momentos inaugurais da civilização, bem como sua evolução trágica: a civilização moderna sob o signo da *Aufklärung* (*Vida de Gundling Frederico da Prússia SonoSonhoGritodeLessing*, *A Missão*, *Quarteto*), a passagem para a história via colonização (*Margem Abandonada Medeamaterial Paisagem com Argonautas*), as origens sociofilosóficas da Prússia militarista e fascista (*Vida de Gundling Frederico da PrússiaSonoSonho-*

GritodeLessing, The CivilWars) etc. Nelas pode-se constatar, além da influência da concepção teatral de Artaud, a presença de Sade, Nietzsche, Benjamin, Horkheimer e Adorno, os dois primeiros criticados por Habermas como "autores negros da burguesia" a quem se filiaram os últimos. Vejamos as peças sucintamente.

Vida de Gundling Frederico da Prússia SonoSonhoGritodeLessing explora, a exemplo de Gundling, presidente da Academia de Ciências da Prússia, a impotência dos intelectuais na corte prussiana, a educação e o reinado do rei-soldado Frederico, o Grande, o déspota esclarecido amante de Voltaire e Racine, e o papel do artista na época da *Aufklärung*, personificado por Lessing. O tratamento indigno conferido aos intelectuais está de certa forma ligado à dramatização da história do corpo na Prússia da *Aufklärung*, dadas as duas estratégias de submissão lá empregadas: o uso público da violência, para humilhar e denegrir o adversário político, e a domesticação do corpo ("bandagem da masturbação"), visando à contenção da natureza do homem, principalmente da sexualidade.

O tríptico relativo a Lessing contém, na primeira parte, uma fala do dramaturgo lida por um artista usando máscara. Aquele que sonhara um "sonho de teatro na Alemanha" mostra-se decepcionado com o desenrolar da história e só anseia por silêncio, esquecimento e morte. A segunda parte apresenta o trajeto da civilização sob o signo da *Aufklärung*, pondo em cena o encontro de Lessing e dois de seus personagens – Natã, o Sábio, e Emília Galotti – com o último presidente dos Estados Unidos, significativamente um robô, num cemitério de automóveis em Dakota, EUA. A crítica à *Aufklärung* termina com o grito do dramaturgo ao tornar-se peça de museu, meio soterrado pela areia dos tempos.

Hamletmaschine é estruturada em cinco cenas que espelham, ao lado da tragédia de Hamlet, o nosso tempo: as catástrofes da história e da cultura ocidental e a crise do artista e intelectual, cindido entre o desejo de se transformar em uma máquina sem dor ou pensamentos e a necessidade de ser um historiador desse tempo irredimido. O conflito do príncipe da Dinamarca é revivido através da memória de Hamlet (primeira cena) e de uma Ofélia que toma para si o destino sedutor da mulher, bem como a polifonia das citações que remetem, em lampejos de *insight*, à situação histórica da produção e recepção da peça.

Através dos personagens Hamlet e Ofélia, *Hamletmaschine* oferece dois modelos de realidade em coexistência tensa: um deles retoma a solução barroca da história-destino (Hamlet rasteja para dentro da armadura do pai, curvando-se indiretamente à praxe da história), o outro resiste pela voz (de Electra), que se faz ouvir sem ser articulada por Ofélia. Importante é o ato crítico em si, ato que instaura a possibilidade de mudança conectando-a à percepção do perigo que representa o eterno retorno do mesmo.

A *Missão* evoca cenicamente a revolta dos escravos da Jamaica nos anos que se seguiram à Revolução Francesa. A peça não apresenta o levante escravo em seu desenrolar cronológico, nem traz dados históricos: episódios são postos em cena pela memória de Antoine, republicano que, em nome da Convenção, delegara a Debuisson, Galloudec e Sasportas a missão de sublevar os escravos da Jamaica.

A peça renuncia ao suspense da ação, começando brechtianamente pelo final, pela leitura da carta de um dos três revolucionários a Antoine, relatando-lhe o fracasso da missão. O momento histórico de Antoine também já é o da Revolução Francesa fracassada, com a restauração da monarquia por Napoleão. Motor da memória é, pois, a experiência de crise do pensamento revolucionário num tempo de estagnação e restauração. No palco da memória, o trabalho de rememoração se faz através de fragmentos agrupados em três seqüências. Na primeira e terceira, tem-se o desenrolar da trama missionária, com a chegada dos revolucionários/investimento da missão e desinvestimento da missão/cisão dos revolucionários devido a opções diferentes. A segunda seqüência encena o conflito subjacente ao contexto humano e histórico – a volta do filho pródigo (Debuisson, herdeiro de terras e escravos) e o teatro da revolução branca *vs.* negra –, e oferece, num monólogo em prosa, uma reflexão sobre o espírito missionário da cultura hegemônica.

A *Missão* é instigante e produtiva por confrontar o espectador com duas raças, duas culturas, dois modelos de revolução, levando-o à reflexão sobre a validade do discurso racista (do colonizador e do colonizado) e a viabilidade da exportação ou importação de modelos revolucionários ou civilizatórios.

Já em *Quarteto*, o autor dá continuidade ao questionamento do projeto racionalista da modernidade, via crítica da Revolução Francesa. O registro cênico que indica como espaço temporal da peça dois momentos da civilização moderna, um inaugural e outro final – "Tempo: Salão antes da Revolução Francesa/*Bunker* após a Terceira Guerra Mundial" – sugere o fracasso dos ideais humanitários da Revolução – fruto da *Aufklärung*. A questão da sedução sexual e da relação entre os sexos tem, pois, por pano de fundo a macroestrutura do poder, as estruturas sadomasoquistas da história. No que diz respeito ao casal articulador da sedução – Valmont e Madame Merteuil, o qual completa o "quarteto" apresentando falas imaginárias de suas vítimas, Madame de

Tourvel e Cécile Volanges –, a dicotomia entre sentimento e intelecto resolve-se em detrimento da espontaneidade da natureza, do emocional, permitindo um paralelo entre a posse do corpo feminino pelo homem e a colonização da natureza pela razão instrumental.

Assim como na primeira peça abordada, *Margem Abandonada Medeamaterial Paisagem com Argonautas* também exibe a estrutura de uma constelação. Os textos que servem de moldura a *Medeamaterial* ligam-se ao texto central através de mitologemas do mito de Jasão/argonautas e de alusões à chegada em terra firme, conquista e destruição.

O primeiro texto aponta como cenário um mundo esfacelado: uma paisagem desolada, na qual a flora e a fauna mortas juntam-se a montes de excremento e detritos da civilização moderna; a associação passado/presente faz-se através da aproximação da região de Berlim à paisagem mitológica. O texto central condensa a tragédia de Eurípides em alguns diálogos curtos e num longo monólogo de Medéia. A tônica desse monólogo é a idéia de traição, uma traição múltipla: de Medéia ao seu povo e ao seu sangue (mata o irmão e lança seus pedaços ao mar, possibilitando assim a fuga de Jasão com o velocino de ouro); de Jasão (abandona a esposa estrangeira, bárbara, pela filha do rei de Corinto); dos filhos (choram ao ouvir os gritos de morte da princesa, trajada com a veste nupcial ofertada por Medéia). O terceiro texto estende a busca de Jasão por autoconhecimento ao ser humano em geral. A montagem de fragmentos colhidos do mito dos argonautas e do arsenal literário de Müller, associados a imagens da civilização moderna em derrocada, cobre a história do homem desde a obtenção do fogo, pela mão de Prometeu, até os tempos modernos, palco da morte do Eu. A marcha da história até a era da técnica, representada pela máquina mortífera, desemboca, pois, na morte. É essa a crítica radical que Müller faz à civilização, crítica que ganha em contundência por espelhar-se na desconstrução do discurso que a veicula.

Müller produziu o quarto ato da peça *The CivilWars*, de Robert Wilson, a pedido deste. O texto foi fixado durante os ensaios, como resultado do processo de trabalho. Além da desconstrução das *dramatis personae* – na primeira cena os personagens recebem um número e se movem em cena de acordo com ele –, o quarto ato mostra uma intertextualidade radical.

Embora o intertexto de Heiner Müller seja uma montagem de citações da literatura universal, podem-se detectar temas virulentos da história cultural e literária, como a relação pai-filho (atualizada através de cartas de Frederico Guilherme e de Kafka) ou mãe-filho (viabilizada por Hamlet ou Fedra). Pela seleção e montagem, o texto pode ser visto como um comentário da história, em especial da história da Prússia. Müller atribui a eventual dificuldade de compreensão à ruptura com o cânon teatral.

Já *Descrição de Imagem* foi inspirada num desenho de uma estudante de Sofia; ela não sabia desenhar bem, e as imperfeições deram lugar a espaços de criatividade – a imagem foi "coberta com escrita", tornando-se mais abstrata. O texto não apresenta diálogo, nem ação, mas um encontro dramático entre olhar e imagem. Assim, mais do que um texto auto-reflexivo sobre o teatro, *Descrição de Imagem* é uma reflexão sobre o *theatron*, o espaço do público-receptor, ao pé da letra, "espaço de contemplação".

Abordando a temática do olhar, a peça apresenta a ação de dois olhares – um olhar petrificador, equivalente ao do sol, e um segundo olhar que se situa no espaço de um "piscar de olhos", olhar desestabilizador que dissolve a forma fechada, eternizável, da imagem, exemplificando uma nova forma de ver. Contra o movimento totalizador do *logos*, o texto desenvolve, portanto, uma "estética do erro", constatável igualmente no fechar de olhos do homem e na risada da mulher. O conflito entre os dois tipos de olhar não é solucionado: ambos os olhares coexistem, e são responsáveis pela cisão do sujeito. A coexistência de olhares diversos tem implicações teóricas e políticas, testemunhando o que chamamos de desconstrução do logocentrismo.

As últimas peças arroladas giram em torno de questões atualíssimas. Como já implícito no julgamento do autor sobre o pré-texto shakespeariano – *Tito Andrônico* é uma peça que revela o conflito Norte-Sul, enquanto *Júlio César* seria uma peça Oriente-Ocidente –, o tema de *Anatomia de Tito Fall of Rome um Comentário a Shakespeare* é por ele descrito como "o choque entre uma política européia e outra tropical, concreta no sentido mais sangrento da palavra, que se inscreve nos corpos que não encontram voz através de instituições ou aparatos".

A peça situa-se na época da decadência do Império Romano, invadido pelos bárbaros, e é entremeada por textos em caixa alta que servem de ponte entre a realidade de ontem e a de hoje, como no "EXCURSO SOBRE O SONO DAS METRÓPOLES":

GRAMA FAZ EXPLODIR A PEDRA AS PAREDES SE ABREM EM FLORES/OS FUNDAMENTOS SUAM SUOR ESCRAVO/HÁLITO DE FELINO GATUNO SOPRA NO PARLAMENTO/EM NUVEM QUENTE FEDENDO A CARNIÇA/SOMBRA DE HIENAS VAGUEIA E VÔO DE ABUTRES/PELAS ALAMEDAS E MACULA AS COLUNAS DA VITÓRIA/PANTERAS SALTAM MUDAS PELAS CASAS BANCÁRIAS/TUDO SE TORNA MARGEM ESPERA PELO MAR/NA LAMA DA CANALIZAÇÃO TROMBETAS/OS ELEFANTES

MORTOS DE ANÍBAL/OS ESPIAS DE ÁTILA PASSEIAM COMO TURISTAS/ PELOS MUSEUS E MORDEM O MÁRMORE/MEDEM AS IGREJAS PARA CAVALARIÇAS/E MIRAM ÁVIDOS NO SUPERMERCADO/O SAQUE DAS COLÔNIAS QUE MAIS DE ANO/OS CASCOS DE SEUS CAVALOS IRÃO BEIJAR/REPATRIANDO PARA O NADA O PRIMEIRO MUNDO.

O plano do comentário, introduzido nessa peça, foi, segundo o autor, uma preparação para o plano épico, narrativo, de *A Estrada de Wolokolamsk*, peça que descreve o trajeto dos tanques de Berlim a Moscou, ida e volta, e mais tarde para Praga e Budapest; sendo Berlim o ponto de partida, a intenção é mostrar o quanto Hitler contribuiu para o nascimento do stalinismo.

A Estrada de Wolokolamsk é uma retomada da peça didática, depois de quase dez anos da carta-despedida desse gênero. A explicação dada pelo autor é que a situação já estava madura para mudanças, a história movia-se novamente, donde o retorno a Brecht, no desejo de participar via teatro, de até mesmo "influenciar o máximo possível", através de uma estrutura mais simples. A perda de nível técnico em relação a *Descrição de Imagem* não lhe parece relevante em comparação com a possibilidade de crítica à burocracia, à petrificação de normas e leis, como afirma lembrando uma frase de Marx: "A ordem total é o caos total".

A última peça, *Germânia 3. Fantasmas Junto ao Morto*, publicada após a morte de Müller, é uma reflexão sobre a história alemã no século XX, motivada pela pergunta registrada no final da primeira cena – "O que fizemos de errado?" –, pergunta esta colocada por Ernst Thälmann, um dos heróis da RDA, antimilitarista e antifascista, presidente do PC alemão antes da ascensão de Hitler, assassinado em Buchenwald. As dez cenas reelaboram o universo cultural e cênico de Müller, numa viagem de retorno às origens (Kriemhild e Hagen), passando pelo capítulo sangrento do capitalismo e do comunismo (Hitler e Stalin), pelo Berliner Ensemble –

VOZ DE BRECHT

Mas de mim eles dirão Ele
fez propostas Nós não as
aceitamos Por que o faríamos?
E isso deve estar em minha lápide e
os pássaros devem cagar sobre ela e
a grama deve crescer sobre meu nome
gravado na lápide Ser esquecido
por todos é o que desejo
um traço na areia.

– e pela sociedade da RDA. E termina, não dando voz a Rosa Luxemburgo mas sim ao Gigante Rosa, a "morte de Brandemburgo", como é chamado na imprensa. Um assassino desconhecido, trajando uma anágua rosa de sua mãe morta e uma jaqueta do exército, sua segunda mãe. E ninguém ri dele.

Heiner Müller vê a sua produção teatral, destinada preferencialmente a grupos pequenos e com o objetivo de produzir espaços para a fantasia, como uma "tarefa política". Por isso ele prioriza a dialética resistente à dialética persuasiva, inadequada à realidade contemporânea.

A margem crítica na representação pós-moderna de Müller é visível na zona de conflito e de tensão e no diferencial de tempo nela inscritos, de forma a permitir que o receptor, reconhecendo politicamente a mensagem, se situe no sistema enquanto sujeito individual e coletivo.

Em se tratando de um dramaturgo extremamente refletido, podem-se aplicar a ele as palavras de Albrecht Wellmer concernentes ao prefixo "pós": conceito pós-racionalista da razão, marxismo desmitologizado, mas também modernidade radicalizada e ilustração auto-ilustrada.

Bibliografia

OLIVEIRA FILHO, Ruth Cerqueira de. *O Teatro de Heiner Müller: Modernidade e Pós-Modernidade*. São Paulo, Perspectiva, 1997.

Idéias sobre Teatro

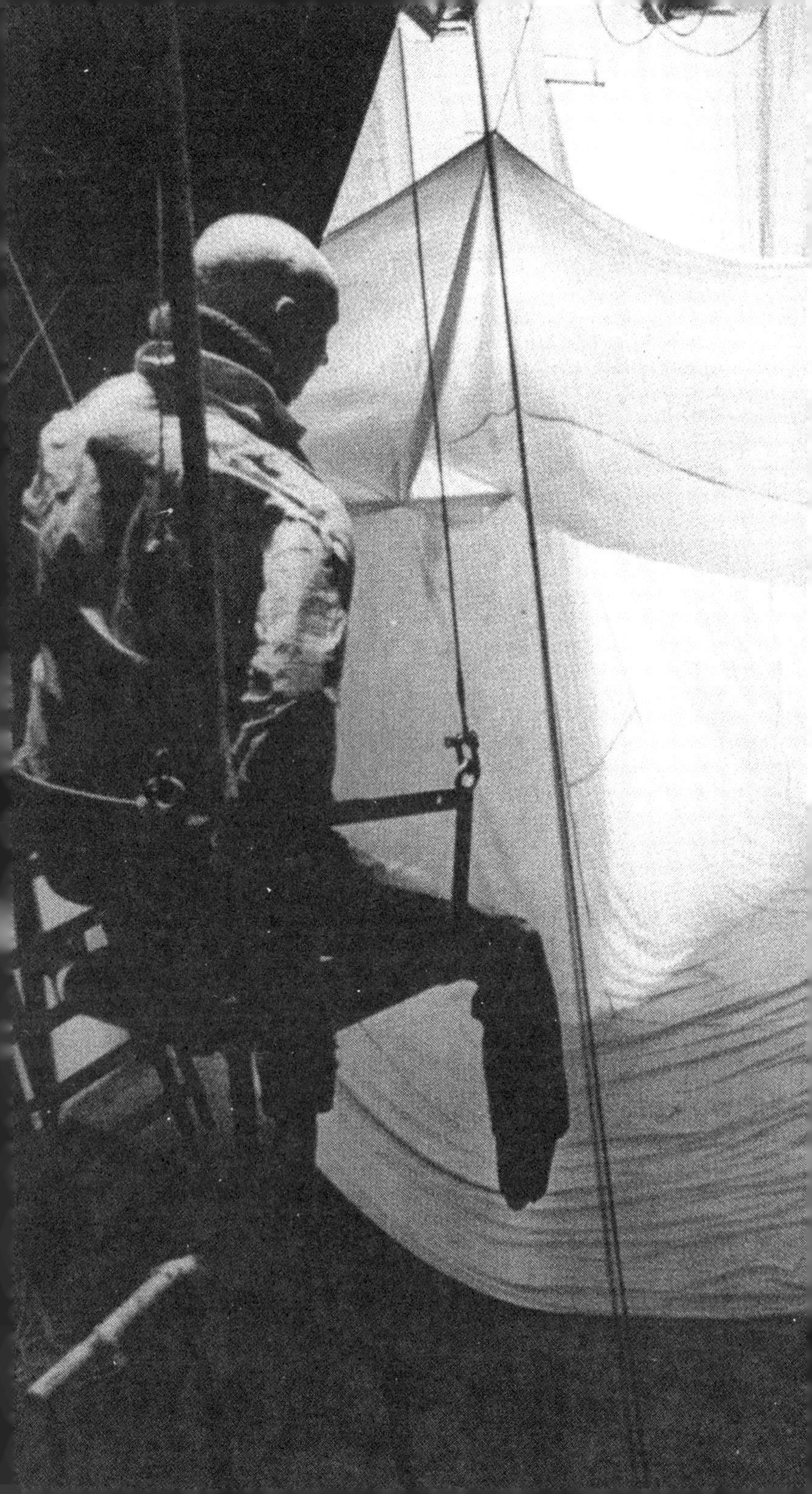

O ESPANTO COMO A PRIMEIRA APARIÇÃO DO NOVO*

Para uma Discussão sobre a Pós-Modernidade em Nova York

1

Orfeu, o cantor, era um homem que não sabia esperar. Depois de perder sua mulher, devido a um coito prematuro depois do nascimento ou devido a um olhar proibido ao ascender do subterrâneo depois de sua libertação da morte através de seu canto, de forma que ela voltasse a ser cinzas antes de sua renovação carnal, ele inventou o amor de menino, que poupa a gravidez e está mais próximo da morte do que o amor pelas mulheres. Os desprezados iam à sua caça: com as armas de seus corpos, galhos, pedras. Mas a canção poupa os cantores: aquilo que havia cantado não podia arranhar sua pele. Camponeses, assustados com o ruído da caça fugiam de seus arados, para os quais não tinha havido lugar em sua canção. Assim seu lugar ficou sendo sob os arados.

2

A literatura é um assunto do povo.
(Kafka)

---

* Tradução de Ingrid Dormien Koudela.

3

Escrever sob condições nas quais a consciência do caráter associal da escritura não pode mais ser suplantada. O talento já é um privilégio. Privilégios necessitam ser pagos: a contribuição pessoal de sua desapropriação pertence aos critérios do talento. Com o mercado livre cai a ilusão da autonomia da arte, um pressuposto do Modernismo. A economia de planejamento não exclui a arte, ela é reinserida em sua função social. Antes de deixar de ser arte (uma atividade bitolada no sentido de Marx) ela não pode ser dela destituída.

Enquanto isso essa atividade também é exercida, no país do qual eu venho, por especialistas que são mais ou menos qualificados. O nível cultural não pode ser elevado enquanto não for expandido. No *smog* da mídia, que tira das massas, também no país do qual eu venho, a visão de sua situação real, apagando a sua memória, tornando estéril a sua fantasia, a expansão dá-se às custas do nível. No *Reino da Necessidade* realismo e popular são duas coisas. A cisão passa pelo autor.

Permaneço, no que concerne às condições de meu trabalho, atravessado diante de seus questionamentos. Polônio, o primeiro comparatista na literatura dramática, não é meu papel, menos ainda em seu diálogo com Hamlet sobre a aparência de determinada nuvem, que na miséria da comparação demonstra a miséria real das estruturas de poder. Também não posso ser o cigano da peça de um ato de Lorca, que transforma um oficial de inquérito da Guarda Civil, que dá respostas surrealistas a interrogatórios sobre data e local de nascimento, nome, sobrenome etc., num feixe de nervos.

Não posso excluir a questão da Pós-Modernidade da política. Periodização é política colonial enquanto a história não for história universal, o que pressupõe igualdade de chances e não o domínio da elite através de dinheiro ou poder. Talvez em outras culturas isso ressurja de outra forma, enriquecido pelas conquistas técnicas modernas, o que antecedeu às européias cunhadas pelo Modernismo: um outro realismo, que ajuda a fechar as fendas entre arte e realidade, *a arte sem esforço, que dialoga com a humanidade*, da qual sonha Leverkühn, antes que o diabo o carregue, uma nova magia, curando a ruptura entre homem e natureza. A literatura da América Latina é essa esperança. A esperança nada garante: a literatura de Arlt, Cortázar, Márquez, Neruda, Onetti, não é uma defesa para as condições em seu continente. Os bons textos ainda crescem em solo sinistro, o mundo melhor não será obtido sem derramamento de sangue, o duelo entre indústria e futuro não terá seu ajuste de contas através de cantos nos quais é possível permanecer sentado. Sua música é o grito de Mársias, que arranca as cordas da lira de seu carrasco divino.

4

As quatro características principais do Modernismo, ou seja, sua variação pós-moderna no panfleto formulado por Ihab Hassan, descrevem Nova York como o mito de Orfeu na versão de Ovídio ou na prosa de Beckett. Uma cidade que se constitui de sua decadência. Uma ficção que existe a partir de sua própria explosão. A metrópole do diletantismo: arte é o que se quer, não o que se sabe. Uma cidade elisabetana: o simulacro de escolha é uma aparência de liberdade. Warhol na Basiléia, Rauschenberg em Colônia são acontecimentos; no contexto de Nova York, eles encolhem para sintomas. O teatro de Robert Wilson, tão ingênuo como elitizado, dança mordaz infantil e brincadeira de criança matemática, não faz diferença entre leigos e atores. Perspectiva de um teatro épico, como Brecht o concebeu e não realizou, com um mínimo de esforço dramatúrgico e além da perversidade de transformar um luxo em profissão. Os quadros de parede das minorias e a arte proletária do *subway*, anônima e feita com tinta roubada, ocupam um campo para além do mercado. Antecipação da miséria dos subprivilegiados é o *Reino da Liberdade*, que fica além dos privilegiados. Paródia da projeção de Marx da superação da arte numa sociedade cujos participantes são também artistas.

5

Enquanto a liberdade estiver baseada no poder, o exercício da arte sobre privilégios, as obras de arte terão a tendência de ser prisões, as obras-primas, cúmplices do poder. Os grandes textos do século trabalham com a liquidação de sua autonomia, produto de sua lascívia com a propriedade privada, na expropriação e finalmente no desaparecimento do autor. Aquilo que fica é o passageiro. O que está em fuga, permanece. Rimbaud e seu rompimento para a África, da literatura para o deserto. Lautréamont, a catástrofe anônima. Kafka, que escreveu para a fogueira porque não quis permanecer com a sua alma como o Fausto de Marlowe: as cinzas foram-lhe recusadas. Joyce, uma voz para além da literatura. Maiakóvski e seu vôo cego dos *céus da poesia* para a arena das lutas de classe, seu poema "150 Milhões" carrega o nome do autor: *150 Milhões*. O suicídio foi a sua resposta para a ausência da assinatura.

Artaud, a linguagem do tormento sob o sol da tortura, a única que ilumina igualmente todos os continentes deste planeta. Brecht, que viu o novo animal que vai redimir o homem. Beckett, uma tentativa vitalícia de silenciar a própria voz. Dois personagens da poesia, fundindo na hora da incandescência em um único personagem: Orfeu, que canta sob os arados, Dédalo, no vôo pelas entranhas do labirinto do Minotauro.

6

A literatura participa da história, participando do movimento da linguagem que acontece primeiro nos jargões e não no papel. Neste sentido, é um *assunto do povo*, os analfabetos são a esperança da literatura. O trabalho com o desaparecimento do autor é uma resistência contra o desaparecimento do homem. O movimento da linguagem é alternativo: o silêncio da entropia ou o discurso universal que nada esquece e não exclui ninguém. A primeira forma da esperança é o medo, a primeira aparição do novo, o espanto.

1979

FATZER ± KEUNER*

> *Eu cago*
> *para a ordem do mundo*
> *eu estou*
> *perdido*
>
> JOHANN FATZER

A ausência de revolução burguesa na Alemanha possibilitou e, simultaneamente, forçou o aparecimento do classicismo de Weimar, como superação das posições do *Sturm und Drang* (Tempestade e Ímpeto). O classicismo como compensação da revolução. Literatura de uma classe vencida; forma como compensação; cultura como forma de lidar com o poder e transporte da falsa consciência. É paradigmática a decisão consciente de Goethe pelos jambos de *Ifigênia*, ao invés dos tecelões famintos de Apolda. O desastre de mais pesadas conseqüências da história moderna talvez tenha sido o fracasso da revolução proletária na Alemanha e seu aniquilamento pelo fascismo. Sua conseqüência mais grave: o isolamento do experimento socialista na União Soviética num contexto político com condições não desenvolvidas. As conseqüências são conhecidas e não foram superadas. A amputação do socialismo alemão através da divisão da nação não é das piores. A República Democrática Alemã pode conviver com ela.

A expulsão da Alemanha, o distanciamento das lutas de classe alemãs e a impossibilidade de continuar seu trabalho na União Soviética significaram para Brecht a emigração para o classicismo. No que diz respeito ao possível efeito político imediato, os *Versuche* (experimentos) constituem a parte viva de seu trabalho; no sentido da com-

---

* Tradução de Ingrid Dormien Koudela.

preensão marxista de Benjamin, constituem o *theologischer Glutskern* (núcleo incandescente teológico). Hollywood tornou-se a Weimar da emigração antifascista alemã. A necessidade de silenciar sobre Stalin, cujo nome era sinônimo de União Soviética enquanto Hitler esteve no poder, tornava necessário o recurso à universalidade da parábola. Os *Diálogos de Svendborg*[1] referidos por Benjamin informam sobre isto.

A situação da República Democrática Alemã no contexto nacional e internacional durante a vida de Brecht não lhe ofereceu nenhuma saída para o dilema clássico.

Kafka faz parte dos temas de diálogo de Svendborg entre Brecht e Benjamin. Nas entrelinhas de Benjamin surge a questão de saber se a parábola kafkiana não é mais ampla e capaz de compreender a realidade do que a parábola de Brecht. Esta representaria gestos sem sistema referencial e não é orientada para uma práxis, irredutível a um significado, antes estranha que alienante, sem moral. Os desmoronamentos da história moderna causaram menos estragos ao modelo da *Colônia Penal* do que à construção dialética ideal da *Lehrstück*.

A cegueira da experiência de Kafka é a legitimação de sua autenticidade. O olhar de Kafka como o olhar para o sol, a incapacidade de se olhar para o branco do olho da história como fundamento da política. Apenas a pressão crescente da experiência autêntica, supondo que ela contagie as massas, desenvolve a capacidade de olhar para o branco do olho da história, que pode ser o fim da política e o início de uma história do homem. O autor é mais sábio do que a alegoria, a metáfora mais sábia do que o autor.

Gertrud Stein, em um texto sobre a literatura elisabetana, explica sua violência pela velocidade da mudança de sentido da linguagem. "Tudo se movimenta intensamente". A agilidade semântica é o barômetro da pressão da experiência na aurora do capitalismo que começa a descobrir o mundo como mercado. A velocidade semântica institui o primado da metáfora, que serve de anteparo ao bombardeio das imagens. "A pressão da experiência impele a linguagem para a poesia" (Eliot). O temor da metáfora é o medo do movimento autônomo do material. O medo da tragédia é o medo da permanência da revolução.

Lembro-me de uma observação de Wekwerth durante os preparativos de sua encenação de *Santa Joana dos Matadouros*. A partir daquilo que Brecht havia esclarecido, "era preciso obscurecer para que

---

1. Walter Benjamin, "O Que É o Teatro Épico? Um Estudo sobre Brecht", em *Magia e Técnica, Arte e Política. Ensaios sobre Literatura e História da Cultura*, trad. Sergio Paulo Rouanet, São Paulo, Brasiliense, 1985. (N. da T.)

pudesse ser visto de novo". De acordo com Hegel, aquilo que é *bekannt* (familiar/conhecido) não é *erkannt* (reconhecido) etc. A história das esquerdas européias faz pensar se Hegel também não deveria ser revisado. Ainda aparecem repentinamente zonas obscuras em cada território que a *Aufklärung* (esclarecimento) colonizou. A aliança com o racionalismo desguarnecia as costas da esquerda aos punhais da reação, forjados nessas zonas obscuras. Aquilo que é *erkannt* não é *bekannt*.

Em seus últimos diálogos com Wekwerth, a insistência de Brecht na ingenuidade como categoria primordial de sua estética elucida esta constatação. Na leitura dos apontamentos de Benjamin sobre os diálogos de Svendborg percebe-se a obstinação de Brecht em não entender Kafka, ou, ao menos, em compreendê-lo mal.

Por volta de 1948, a NDR (programa televisivo alemão) transmitiu um programa dedicado a dois representantes da literatura engajada, o católico Eliot e o comunista Brecht. Uma frase de Eliot servia de gancho. "Poetry doesn't matter" (A poesia não importa). Lembro-me de uma frase da entrevista com Brecht: "A continuidade engendra a destruição".

Mais tarde, num texto que fala da situação do teatro na Alemanha do pós-guerra, Brecht explicitou mais pormenorizadamente essa idéia. Os escombros ainda não tinham sido removidos e já se construíam novas casas sobre eles. Salta aos olhos o paralelo com a observação de Thomas Mann sobre a história alemã, segundo a qual nenhuma época foi vivida até o fim porque nenhuma revolução foi bem sucedida, o que pode ser verificado na fisionomia das cidades alemãs. Isso não significa que Brecht tenha lido o *Faustus*.

O germanista Gerhard Scholz relata uma conversa que teve com Brecht, durante os anos de exílio comum na Escandinávia, sobre o futuro do socialismo na Alemanha. Brecht polemizava, em parte seriamente, contra a estratégia da Frente Popular como o sonho de Fatzer em constituir uma ditadura comunista (célula), por exemplo, em Ratibor ou em outra cidade qualquer para criar um exemplo.

No mesmo ano de 1948, numa discussão com estudantes em Leipzig, Brecht assim formulava suas metas de trabalho na zona alemã de ocupação russa: vinte anos de demolição ideológica e a necessidade de dispor de um teatro para a "produção científica de escândalos", visando à divisão política de seu púbico, em vez de uma ilusória unidade na aparência estética. Em outras palavras, sua esperança por um teatro político situado para além das contingências do mercado. Um teatro para o qual a contradição entre *Erfolg* (sucesso) e *Wirkung* (eficácia) seria uma oportunidade e não um dilema, como ocorre na sociedade capitalista.

Essa foi uma antecipação, uma projeção para o futuro que mesmo 23 anos após sua morte ainda não se realizou. Os escândalos, como faíscas de ignição para o grande debate, não tiveram lugar no teatro e sim nos suplementos culturais dos jornais como um entrave à discussão. Novas casas tiveram de ser construídas, mais rapidamente do que o tempo necessário para se remover os escombros.

O estado de sítio em que se encontrava a República Democrática Alemã, em virtude da guerra fria, exigiu e exige a ideologia. A experiência de Brecht na República Democrática Alemã encontra-se entre a afirmação feita em Leipzig e a frase do prefácio tardio escrita por ocasião da edição de suas primeiras peças, no qual formula a renúncia ao ideal da tábula rasa, do exemplo. "Talvez a história vire a mesa, mas ela teme a mesa vazia..." Uma parte essencial dessa experiência reside na descoberta da *Freundlichkeit* (amabilidade) como categoria política. O trabalho de Brecht no teatro: uma tentativa heróica de desentulhar os porões, sem colocar em perigo a estabilidade das novas construções. Essa formulação define o dilema fundamental da política cultural da República Democrática Alemã. Nesse contexto, as adaptações dos clássicos não constituíam um desvio das exigências do momento, mas sim revisão do classicismo, ou seja, de sua tradição.

A dificuldade de Brecht em trabalhar sobre um material originário da própria República Democrática Alemã aparece claramente na história do projeto *Büsching*[2]. O primeiro esboço tende para uma peça histórica. O operário Garbe como personagem histórico. Há uma diferença decisiva em relação a Plutarco/Holinshed/Shakespeare pelo fato de o herói ser o cronista de si mesmo. Brecht solicitou a Käthe Rülicke que elaborasse o material partindo dos relatos de Garbe gravados em fita. Essa diferença corresponde à questão de que o petróleo resiste aos cinco atos, falta dramaticidade ao herói sem consciência, ou melhor, é necessário criar outro drama. Brecht havia elaborado seu arsenal de formas em uma outra realidade, a partir da situação de classe e dos interesses do proletariado europeu anteriores à revolução.

Após a dizimação das vanguardas, a depravação das massas e a devastação do leste da Alemanha e da União Soviética pela Segunda

---

2. No contexto dos fragmentos das peças didáticas encontramos os grandes temas do século XX: a guerra e o desemprego. Brecht formula diferentes soluções ao organizar inúmeras versões para as cenas inacabadas. Na representação do proletariado, surgem os coros do "homem-massa", cuja mecanicidade imposta pelo medo delineia uma posição crítica entre o indivíduo e o grupo. *Büsching* pertence a esta temática, tendo permanecido o projeto inacabado. (N. da T.)

Guerra, a revolução na República Democrática Alemã só podia ser realizada *para* e não *pela* classe trabalhadora. A ratificação posterior na consciência precisou ser dela exigida, sob as condições da guerra fria, num país ocupado e dividido, na metralha da propaganda diária para o milagre do capitalismo no outro Estado alemão, sucessor de direito do Reich, saneado e reduzido em suas dimensões em duas guerras mundiais. Essa realidade não pode ser apreendida com as categorias marxistas clássicas, elas prejudicam-na.

Observando que o material não era suficiente senão para uma peça de um ato e que não existia qualquer possibilidade de conferir ao seu herói a escala expressiva de que necessitava para escrevê-la, Brecht abandonou o projeto *Büsching*. Isso lembra a tese de Plekhanov sobre a falta de interesse (positivo) do herói proletário, em oposição ao interesse negativo do herói burguês, sendo que a primeira qualidade do proletariado é sua quantidade e assim por diante... Brecht retomou o projeto, desta vez sob a forma da *Lehrstück*, com coros, no estilo de *A Decisão*, depois de 17 de junho de 1953, quando pela primeira vez ouvia os gritos e a marcha da classe, como sempre depravada e manipulada por seus inimigos. A confrontação como possibilidade de abertura da grande discussão, que é pressuposto da produção. Permaneceu fragmento.

As malhas da rede dramatúrgica de Brecht eram demasiado largas para a microestrutura dos novos problemas. A própria classe já era uma ficção, na verdade um conglomerado de elementos novos e velhos, justamente os operários da construção que haviam tomado a iniciativa da primeira greve na Stalinallee (Avenida Stalin), em Berlim. Provinham, em grande parte, da classe média desclassificada: velhos oficiais do exército, funcionários de Estado fascistas, professores secundaristas e assim por diante, aos quais se juntavam membros fracassados da nova burocracia. O grande projeto fora soterrado pela tempestade de areia das realidades, não sendo possível compreender/ desvelar através do estranhamento, que se baseia/repousa na negação da negação. Nesse contexto merece menção Brecht ter recorrido a Gerhard Hauptmann, através de uma adaptação fracassada de *Biberpelz/ Roter Hahn* (Biberpelz/Galo Vermelho): a violência do tribalismo e os terrores da província.

Die Tage der Commune (Os Dias da Comuna), escrito com consciente diminuição do *padrão técnico* para o repertório de um teatro socialista, está para o socialismo real assim como *Don Carlos* (peça de Friedrich Schiller) para a revolução burguesa. Sua beleza é a beleza da ópera, seu *pathos* é a utopia. Brecht provavelmente não viu, até a sua morte, possibilidade nenhuma de representar a peça sem prejuízo da *Wirkung*. A estréia no Berliner Ensemble (1961), após o fechamento da fronteira, foi o primeiro momento possível. A aplicação do modelo ao novo contexto, que só poderia ter ocorrido através de apresentações de novas peças, não aconteceu. Como acontecimento isolado aquela encenação aconteceu tarde e cedo demais. Possibilidades demasiadas haviam sido perdidas, problemas demasiados haviam sido adiados.

Turandot, última tentativa de Brecht com recurso à parábola para sanear a velha merda que ele via ressurgir novamente, é um fragmento genuíno. A conclusão forçada da peça através do recurso ao antifascismo que, no que dizia respeito às circunstâncias da República Democrática Alemã, tem caráter de álibi, destrói a estrutura da peça. É possível que em outros contextos, por exemplo ditaduras militares do Terceiro Mundo, essa fissura que atravessa a peça permita/libere um olhar sobre aquilo que é o pressuposto de sua intervenção. Segundo Brecht, "o que confere duração às obras são seus defeitos".

Büsching, como outros nomes de personagens do projeto *Garbe*[3], remete ao *Fatzermaterial* (Material Fatzer)[4], o maior esboço de Brecht e o único texto no qual ele, como Goethe com o material do *Fausto*, permitiu-se a liberdade da experimentação, desonerando-se da obrigação de forjar um produto perfeitamente acabado para as elites contemporâneas ou do futuro, de embalá-lo e entregá-lo a um público, a um mercado. *Fatzer* é um produto incomensurável, escrito como exercício de autocompreensão. O texto é pré-ideológico, a linguagem não formula resultados do pensamento, mas coloca-o de escanteio. Ele tem a autenticidade do primeiro olhar sobre o desconhecido, o espanto da primeira aparição do novo. Com os tópicos do egoísta, do homem de massa, do novo animal, aparecem, sob o modelo dialético da terminologia marxista, os princípios dinâmicos que, na história moderna, perfuraram esse esquema. O gesto da escritura é aquele do investigador e não o do erudito que interpreta resultados da investigação, ou do professor que os transmite. É nesse texto que Brecht pertence menos aos marxistas que foram o último pesadelo de Marx. Por que não valeria

---

3. Em 1953 Brecht volta a se ocupar com a peça didática. Testemunha são o plano *Die neue Sonne* (O Novo Sol) bem como algumas anotações no *Diário de Trabalho* nas quais afirma que havia discutido com Eisler sobre o *Garbe*, que pretendia escrever no estilo de *A Decisão* ou de *A Mãe*. Permaneceu como projeto inacabado. (N. da T.)

4. Bertolt Brecht, "Decadência do Egoísta Johann Fatzer", trad. Ingrid Koudela, em *Bertolt Brecht, Teatro Completo*, vol. XII, Rio de Janeiro, Paz e Terra, 1986-1996. (N. da T.)

também para Marx que o horror é a primeira manifestação do novo, o medo a primeira configuração da esperança? Com a introdução do personagem Keuner (metamorfose de Kaumann/Koch em Keuner) o projeto começa a fenecer em moralidade. A sombra da disciplina leninista, Keuner, o pequeno-burguês com *look* de Mao, a máquina de calcular da revolução. Fatzer como a batalha de material de Brecht contra Brecht (= Nietzsche contra Marx, Marx contra Nietzsche). Brecht sobrevive a eles ao excluir-se. Brecht contra Brecht com a artilharia pesada do marxismo-leninismo. Aqui, nesta inversão do anarquista em revolucionário, compreende-se a crítica escarninha de Adorno sobre os aspectos pré-industriais da obra de Brecht. Aqui nasce, a partir da impaciência revolucionária em face da imaturidade das circunstâncias, a tendência de se substituir o proletariado que desemboca no paternalismo, que é a doença dos partidos comunistas. Aqui começa, na defesa do matriarcado anárquico-natural, a transformação do filho rebelde em pai, que consolidou o êxito de Brecht e impediu sua eficácia. A retomada da popularidade pela reintrodução do culinário em seu teatro, que determina a última fase de seu trabalho, tornou-se uma antecipação no turbilhão embrutecedor da mídia e em vista da fixação póstuma da figura do pai pela política cultural socialista. Aquilo que foi eliminado foi o presente, a sabedoria, seu segundo exílio.

Brecht, um autor sem presente, uma obra entre o passado e o futuro. Hesito em formular isto como uma crítica. O presente é a época das nações industriais, a história está por vir e, assim espero, não será por elas realizada. Dependerá de sua política se deverá ser temida. As categorias de verdadeiro e falso passam à margem da obra de arte. A estátua da liberdade em Kafka enverga uma espada em lugar de uma tocha. Usar Brecht sem criticá-lo é traição.

1980

ARTAUD*

Artaud, a linguagem da tortura. Escritura nascida da experiência de obras-primas que são cúmplices do poder. Pensar ao final do Iluminismo, iniciado com a morte de Deus, ela o túmulo, na qual ele foi enterrado, apodrecendo com o cadáver. Vida, encerrada nesse túmulo.

O PENSAR PERTENCE AOS MAIORES PRAZERES DA RAÇA HUMANA é o que Brecht coloca na fala de Galileu, antes que lhe mostrem os instrumentos. O raio que cindiu a consciência de Artaud foi a experiência de Nietzsche, seria a derradeira. Sério é o caso Artaud. Ele desapropriou a literatura da polícia, o teatro da medicina. Sob o sol da tortura, que ilumina simultaneamente todos os continentes deste planeta, seus textos florescem. Lidos a partir das ruínas da Europa, serão clássicos.

1977

* Tradução de Ingrid Dormien Koudela.

SANGUE NA SAPATILHA OU O ENIGMA DA LIBERDADE*

para Pina Bausch

1

De criança, brincávamos de esconde-esconde.
Ainda se lembra de nossos jogos?
Todos se escondem, um espera
O rosto contra uma árvore ou parede
As mãos sobre os olhos, até que o último
Encontre seu lugar, e quem for descoberto
Tem de correr do pegador.
Se chegar primeiro na árvore, está livre.
Se não fica parado no lugar
Como se bater a mão numa árvore ou parede
O pregasse ao chão como pedra sepulcral
Ele não pode se mover até que o último
Seja encontrado. E às vezes o último
Por estar tão bem escondido, não é encontrado.
Então todos esperam, petrificados
Cada qual seu próprio monumento, pelo último.
E às vezes acontece morrer um.
Seu esconderijo não é encontrado, não há

* Tradução de Ingrid Dormien Koudela.

Fome que o faça escapar de sua morte
Aquela que o encontrou fora da fila
Os mortos não têm mais fome.
Então não há ressurreição. O pegador
Revirou cada pedra quatro vezes.
Agora só pode esperar, o rosto
Contra a árvore ou parede
As mãos sobre os olhos, até que o mundo
Tenha passado por ele. Você percebe seu andar.
Ponha suas mãos sobre os olhos, irmão.
Os outros, que o pegador pregou ao chão
Ao bater a mão numa árvore ou parede não correram
Depressa de seu esconderijo que não era bem seguro,
Eles agora não têm mais sobre seus olhos as mãos,
Não mais podem se mover e também os olhos não podem fechar
De acordo com a regra de jogo.
Como pedras no cemitério esperam eles
Com os olhos abertos para o último olhar...

2

O tempo do teatro de Pina Bausch é o tempo dos contos de fadas. A história aparece como distúrbio, como mosquitos no verão. O espaço desse teatro é ameaçado com a ocupação de uma ou outra gramática, aquela do balé e do drama, mas a linha de fuga da dança defende-o contra ambas as ocupações. Esse território é terra nova. Uma ilha emergente, produto de uma catástrofe (esquecida ou vindoura): talvez esteja ocorrendo agora mesmo, durante a representação. Aqui se dá algo daquela relação imediata com a vida, que Brecht invejava no teatro elisabetano. Cinema e televisão não são concorrência: eles podem ser utilizados. O todo é uma brincadeira de criança.

3

Os jogadores são sobreviventes. (Talvez o espectador tenha uma outra experiência.) O relato é sobre o terror da infância: João e Maria na fuga da madrasta perdem-se no supermercado. O único caminho para a liberdade talvez seja um incêndio da casa comercial: afinal tudo teve início com o fogo... dos sentimentos: chapeuzinho vermelho encontra o lobo na discoteca, querendo comprar com o dinheiro da avó morta o seu amor. Talvez ela tenha de aprender sua linguagem, que é a linguagem da violência, e apropriar-se "com as armas na mão" de seu sexo... Do balé: aparece como história transcorrida: ordem dos corpos sob uma lei. O *strip-tease* do humanismo desnuda a raiz sangrenta da cultura.

4

Um momento que pertence aos sobreviventes. Eles festejam suas festas na corda bamba, entre edifícios ameaçados de ruína. Uma coreografia na tradição das danças de morte. No entreguerras uma nova Idade Média. Foi a época de ouro dos alemães: sorte na osmose da morte coletiva, a igualdade diante do relógio das horas, um prenúncio da justiça no juízo final. O demoníaco na luta de morte de Brecht contra Hitler, que Benjamin registrou com sábio espanto, cresce com a retomada sobre este solo, se alimenta deste núcleo incandescente.

5

A Idade Média de Pina Bausch: em lugar da peste está o consumo, o último cavaleiro do apocalipse. A lei da série é a lei da seleção, o genocídio a escola elevada da estatística, o caminho da carnificina passa sobre o banco de dados, a última verdade do consumo poderá ser o raio atômico. Nós apostamos no cavalo errado e talvez a corrida já tenha acontecido. Antes da liquidação o teatro dança o inventário, os rituais representam a bancarrota. Assassina esperança das mulheres: o que é isto que dentro de nós deseja e odeia, ama e estupra. Confirmação de vestígios na corrente de ar do (espetáculo) *Kontakthof*: a parada dos zumbis, vítimas felizes da propaganda. Dignidade do tango contra a livre escolha do gênero de morte. O riso congela nos estereótipos, a insistência da repetição desmascara o tédio: a dor é sua face; o contato sob a soleira da consciência, onde habitam os desejos e medos, torna o riso e o lamento subversivos.

6

Na Itália eu tinha um galo. Ele ia sempre a outros jardins e minha mãe precisou matá-lo. À noite, quando o tinha cozinhado, ela disse que era o meu galo e se eu não quisesse não precisava comê-lo. Mas eu queria comer tudo. Eu o queria para mim sozinho.

A Idade Média de Pina Bausch é aquela da CRUZADA DAS CRIANÇAS de Brecht, com o cachorro vadio que é o único ainda a saber o caminho, desde que o bom Deus, cuja pele também foi queimada ao lhe tirarem a máscara do imperativo categórico, perdeu sua identidade diante do leito de morte de montanhas de sapatos, cabelos e dentes (Talvez ainda tenha uma chance como mulher: ícone nos magazines masculinos, ou nos altares da *peep-show*). As crianças ainda estão em marcha: a criança, que não queria tomar banho quando o imperador veio fazer visita e a criança teimosa, cuja mão cresce para fora do túmulo. Os jovens assassinos das megalópoles americanas e os bandos de crianças nas metrópoles do Terceiro Mundo. A guarda vermelha de Mao e os anjos exterminadores do leitor de *Pol Pot* de Verlaine.

7

VOCÊ NÃO DEVE CRIAR UMA IMAGEM. As metáforas do poder de BARBA AZUL não são para uso doméstico ("assim se estupra uma mulher"). Brincar de esconder é o primeiro jogo: a criança quer desaparecer. Nudez é tabu: antes do casamento o noivo não deve ver a noiva e até o casamento há enfado maldoso. No teatro da Pina Bausch a imagem é um espinho no olho, os corpos escrevem um texto que se recusa a ser publicado, a prisão da significação. Liberação das imposições do balé que é cunhado com o estigma da escravização do corpo, que o torna submisso ao senhorio de cada criação como uma caçada, outro *hobby* feudal. A democratização para o teatro de revista é uma passagem, libertação camponesa para a produção em série: nos estádios a massa se torna ornamento. A congruência entre ornamento e troféu se torna dolorosamente visível sob os refletores de uma paródia de balé: as mulheres de Barba Azul como decoração de parede no castelo de Barba Azul. Depois do teatro sem texto, do HAMLET de Zadek até a ORÉSTIA de Stein, nomeando apenas duas ovelhas douradas, diante das quais perdemos a capacidade de ouvir uma nova linguagem do teatro, em seus momentos mais bem sucedidos. Depois da tentativa mal sucedida de Grüber de provocar uma reviravolta no eixo Norte-Sul através de uma peça de época medianamente realizada contra um público que não queria prescindir do cheiro de suor da diversão noturna, um teatro da liberdade. Não deve nos admirar que uma esfinge nos encare quando olhamos o rosto da liberdade.

1981

Entrevistas e Depoimentos

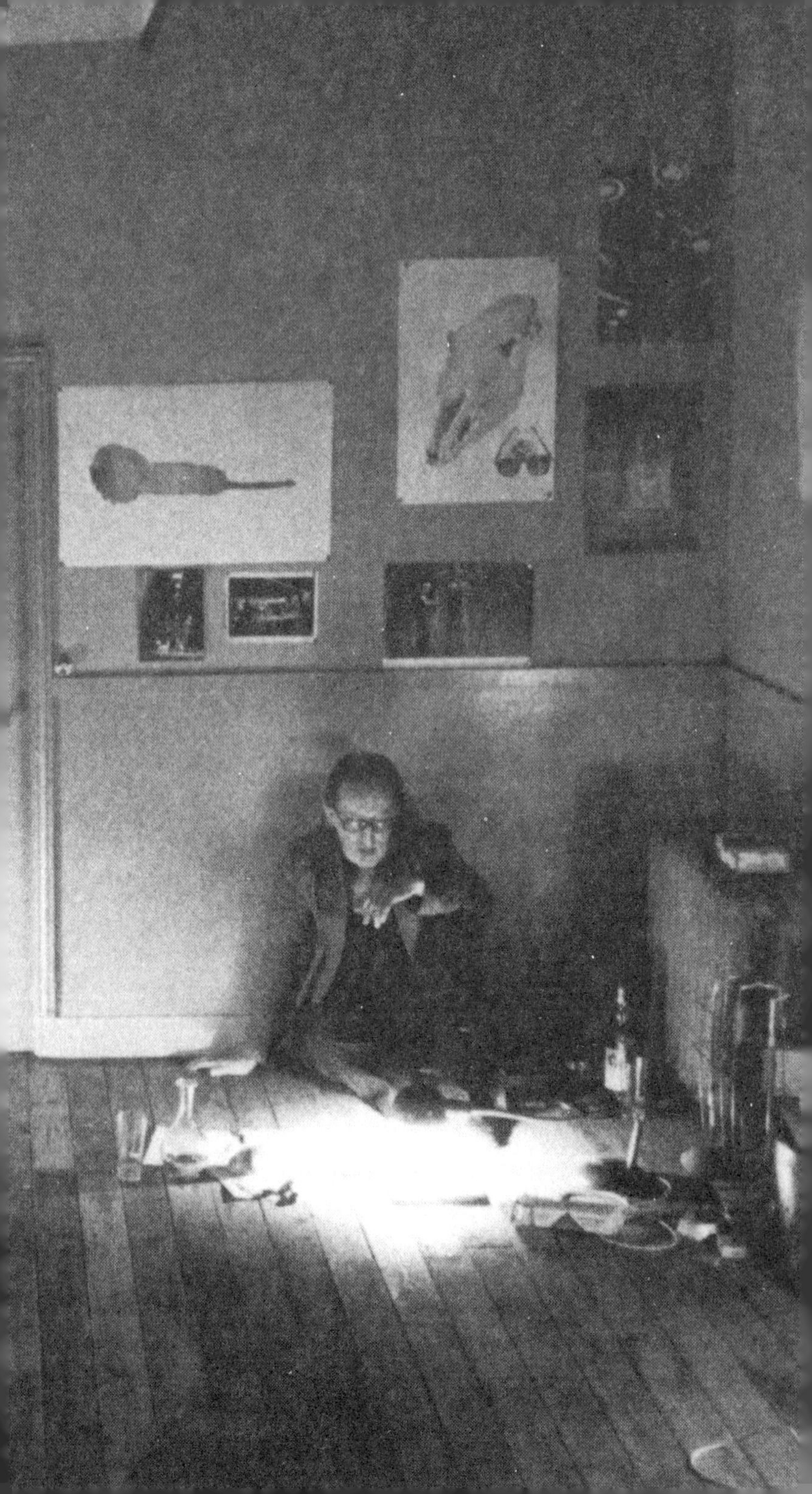

O ANJO SEM SORTE*

Atrás dele a rebentação do passado despeja cascalho sobre asas e ombros, com um barulho de tambores enterrados, enquanto diante dele o futuro está represado, esmagando seus olhos, dinamitando os glóbulos como uma estrela, torcendo a palavra como uma mordaça, asfixiando sua respiração. Por um momento vemos ainda o bater de asas e escutamos o ronco das pedreiras caindo atrás por sobre ele, tanto mais alto quanto mais se exaspera o inútil movimento, interrompido quando ele fica mais vagaroso. Então aquele instante fecha-se sobre ele: rapidamente entulhado o anjo sem sorte encontra repouso, esperando pela estória na petrificação do vôo olhar respiração, até que um renovado rufar de poderoso bater de asas se propague em ondas através da pedra e anuncie o seu vôo.

1975

* Tradução de Ingrid Dormien Koudela.

MUROS*

SYLVÈRE LOTRINGER – *Você vive em Berlim Oriental, mas tem a posição privilegiada de poder viajar livremente para o lado Ocidental. Quantos muros existem entre o lado Ocidental e o Oriental?*

HEINER MÜLLER – Quando vou do *checkpoint* Friedrichstrasse para o Zoologischer Garten em Berlim Ocidental, sinto que existe uma grande diferença, uma diferença de civilização, uma diferença de épocas, de tempos. Há um nível de tempo diferente, um espaço de tempo diferente. Você realmente atravessa um muro do tempo.

Perguntei a alguns amigos alemães, ontem, sobre Berlim Oriental e eles disseram: "Adoramos. É como voltar para a década de cinqüenta".

A maioria das pessoas que vem de Berlim Ocidental para Berlim Oriental faz a comparação num nível horizontal. Não funciona dessa forma. O problema é a miséria da comparação. Você não pode comparar as coisas.

Então Berlim Oriental é única?

Fiquei muito impressionado com a observação de um jovem que estava escrevendo um ensaio sobre meu trabalho. O que mais o interes-

* Entrevista por Sylvère Lotringer. Tradução de Ingrid Dormien Koudela.

sou, disse ele, foi essa questão do outro tempo. Lembrou que nunca entendeu muito bem por que a Deutsche Wehrmacht (Exército Alemão) não obteve sucesso ao entrar em Moscou durante a Segunda Guerra. Os alemães chegaram até lá, mas não conseguiram continuar. Ele não acreditava em razões militares ou estratégicas. Ele não acreditava em razões geográficas. Ele não acreditava em razões ideológicas. Havia simplesmente um muro do tempo. Eles não estavam na mesma rota. Esse é o problema real. Há alguns anos atrás, fui solicitado pelo *Le Monde*, de Paris, a escrever algo sobre a situação cultural em Berlim Oriental. Fiz a tentativa de explicar para o público francês e não foi fácil. Então lembrei de uma observação de Ernst Jünger. Ele disse que você não pode discutir a diferença entre duas experiências. Há uma outra observação de Vítor Sklovski, um dos formalistas russos. No filme *Outubro*, de Eisenstein, ele escreveu que o fim do *commodity world* torna-se imagem. Muitos dos meus amigos foram para o Ocidente – especialmente escritores. Eles tentaram escrever daquele lado, o que é realmente um problema. Pessoas que cresceram aqui têm ao menos uma perspectiva, ou uma esperança, em uma nova sociedade, em um novo modo de vida. Esta perspectiva está relacionada com o fim do *commodity world*. No Ocidente esse mundo está em pleno florescimento e você não consegue se acostumar realmente a ele. Você nunca consegue esquecer a perspectiva de um outro mundo. O que se transforma em esquizofrenia quando eles escolhem viver no lado ocidental.

E você não se sente esquizofrênico, da mesma forma?

Talvez eu também seja esquizofrênico, não gosto de viver num outro tempo com a ilusão daquilo que penso ser um novo tempo. Talvez esse novo tempo nunca se materialize, ele existe como utopia.

O lado ocidental também tem sua utopia. Você acredita que a Alemanha Oriental tem algo a ver com a utopia ocidental, de uma sociedade socialista?

Não, você não a encontra aqui. Aqui essa perspectiva tem realidade como programa. Na década de cinqüenta as pessoas tentavam convencer a si mesmas de que a realidade era o programa. Não há outra utopia no Ocidente. Não existe utopia de direita. A utopia pertence sempre à esquerda.

Já que viver em Berlim Oriental ou na Alemanha Oriental é algo totalmente diferente de viver no Ocidente, como você o definiria, especialmente como escritor?

Tudo aquilo que você escreve no Oriente é muito importante para a sociedade, ou ao menos a sociedade acredita que o seja. É difícil ser publicado aqui porque isso tem grande impacto. Você não tem quaisquer problemas em ser publicado na Alemanha Ocidental, exceto quando escreve algo sobre terrorismo. Esse é o tabu da Alemanha Ocidental.

Você quer dizer que na Alemanha Ocidental pode-se publicar quase tudo porque não tem impacto?

É uma liberdade artificial, um espaço artificial de ideologia, para as artes e para a literatura. A artificialidade dessa liberdade baseia-se no fato de que a Alemanha Ocidental não poderia funcionar se não houvesse estrangeiros, pessoas do Sul, de países pobres, fazendo o trabalho sujo. No Ocidente há um problema enorme com o Sul. Em nosso país, em nosso bloco, temos, ao contrário, uma espécie de osmose com o Terceiro Mundo. A Rússia é apenas uma pequena parte da União Soviética. Sua população é pequena em relação às províncias asiáticas, às regiões asiáticas. Há muito mais Terceiro Mundo dentro da União Soviética do que nos Estados Unidos. Em lugar algum do mundo branco, mesmo em Nova York ou Los Angeles, você encontra esse tipo de osmose com o Terceiro Mundo. Há uma frase de Jim Morrison: "Viva conosco nas florestas da Ásia..."

E você acredita que essa osmose está sendo alcançada atualmente na União Soviética?

Acredito sim. As mudanças ou reformas que são necessárias em nossos países dependem do desenvolvimento do Terceiro Mundo. É como se fosse uma grande sala de espera esperando pela história. E história é agora a história do Terceiro Mundo com todos os problemas de fome e população.

Você acredita que haja também um muro do tempo entre Ocidente, incluindo a Rússia, e o Terceiro Mundo?

Para mim só há uma única definição de comunismo – dar chances similares a todos. Isto significa que deve haver história universal, a velha idéia de história terminou. Jacopetti, um documentarista de direita, fez um filme mostrando um acidente de avião na Austrália. Ele caiu numa parte deserta da Austrália e os nativos viram o acidente. Eles nunca tinham visto um avião. Foram estudá-lo e tentaram reconstruí-lo, imitando-o com pedaços de madeira. Depois rezaram e representaram seus rituais e danças. Adoraram o avião, esperando que ele levantasse vôo. Isto é uma boa imagem para níveis diferentes de pensamento, de civilização. Esse é o mundo em que vivemos, um mundo com enormes diferenças e padrões.

Então o muro de Berlim não é o único muro. Existem vários outros.

O que aprecio é o sinal de uma situação real, a situação real na qual o mundo se encontra. E isto é concreto.

Você quer dizer que é melhor que seja explicitado do que ficar oculto na mente das pessoas?

Sim.

Porque também está na mente das pessoas.

Sim.

Você acredita que a história é agora um conceito do Terceiro Mundo? Você acredita que ainda vivemos na história?

Há duas idéias ou conceitos de história. Não há mais história na Europa Ocidental. O conceito europeu de história terminou.

Não há mais crença no progresso?

Não pode haver progresso no Ocidente. O problema é apenas manter e não perder o que já temos. Esta é a única preocupação do Ocidente.

Há um grau zero de história. Talvez tenhamos finalmente nos livrado da história. Você acredita que o Terceiro Mundo ainda necessita evoluir em determinada direção? Ainda participa da luta de classes e da luta para igualar as chances das quais falou anteriormente? Jean Baudrillard fala sobre o fim da política ou o fim da história. Você considera esta idéia pertinente? Como se relaciona com ela?

Acho que é muito interessante, apesar de ser apenas teoria francesa. É apenas um aspecto do problema. Michel Foucault escreveu que, desde o século dezoito, a questão da revolução foi o primeiro tema ou a primeira preocupação do pensamento europeu. Agora, diz ele, uma nova questão está aparecendo: qual revolução vale que preço?

Revolução é algo que ainda devemos desejar?

Sim. Mas isto é, no entanto, uma questão muito privilegiada. Ela é colocada a partir de um ponto de vista ou posição muito privilegiada. Você não pode se permitir colocar esta questão quando não tem nada para comer.

Não diz respeito ao Terceiro Mundo.

Não.

Podemos definir um outro muro separando o Terceiro Mundo da civilização ocidental, incluindo aí o bloco oriental? Esta divisão seria mais pertinente neste momento do que a divisão entre ideologias?

A divisão entre ideologias não é muito importante. Importante é a diferença entre interesses ou necessidades. O paraíso ocidental baseia-se no inferno do Terceiro Mundo. Enquanto nós estamos vivendo naquilo que você outro dia chamou de *limbo*. Esta é uma situação totalmente diferente. Quando falo da Ásia isto pode soar muito poético, mas acredito que contenha alguma verdade. A política ou a história da Europa estão baseadas num princípio de Pai, um princípio paternal. Vejo a Ásia como o surgimento do princípio maternal. Talvez haja uma diferença quanto ao domínio das ideologias. Ideologias são máscaras apenas.

O Terceiro Mundo tem mais chão, enquanto o Ocidente está do lado da lei?

Poderia ser formulado dessa forma.

Quando você disse que há uma diferença de tempo ou duas trilhas diferentes, isto implica dizer que o bloco oriental está mais próximo da Ásia?

Basta olhar o mapa. A Rússia tem uma perna a mais no chão.

Ela tem duas pernas?

Até mais do que isso.

Muitos pensadores políticos do Oriente acreditam que a Rússia está sendo ameaçada pelo seu lado asiático. A ruptura entre a Rússia e a China pode ser indicativa do novo arranjo de forças.

Os políticos ocidentais tendem a superestimar o conflito entre a China e a Rússia. Este conflito será de curta duração. O desenvolvimento da China em direção às linhas ocidentais está diminuindo atualmente o perigo de um confronto real. Eu não acredito que o experimento de Mao-Tsé-Tung tenha sido frustrado ou que o debate tenha terminado. Na China, quando uma classe atinge o ponto de saturação, as contradições tornam-se presentes novamente.

Depois do fim das ideologias no Ocidente, mais pessoas começam a questionar a validade do conflito ideológico, deliberadamente encenado pelos dois regimes rivais. Capitalismo e socialismo parecem ser apenas duas formas diferentes de controle da esfera de produção e incremento da disciplina do trabalho, especialmente na era pós-industrial.

Recentemente encontrei um escritor russo que passou dois meses trabalhando num colcós em algum lugar da Ucrânia. Depois de alguns dias ele vislumbrou uma nova organização de trabalho que eventualmente poderia trazer resultados melhores. Descreveu-a para um velho camponês que retrucou: "Sabe, não vivemos apenas para trabalhar. O trabalho toma uma boa parte de nossa vida, procuramos também viver durante nosso tempo de trabalho!" A divisão entre vida e trabalho, que é típica da forma capitalista de organização e produção, não existe no mundo oriental. Aquilo que as autoridades daqui consideram uma fraqueza de produção se apresenta de fato como um aspecto extremamente positivo. A divisão entre vida e trabalho tende a desaparecer.

Pode estar desaparecendo também no Ocidente. As faltas no emprego são enormes também entre operários italianos. Teóricos do movimento operário, como Mario Tronti, reconheceram-no rapidamente como um sintoma positivo. Assim, por outro lado, temos um muro separando tipos de sociedades, mas de outro ambos parecem ter evoluído em direção similar.

Isto ocorre na base, não no topo.

Talvez o muro ou as duas trilhas paralelas se encontrem em algum lugar do infinito num futuro próximo...

Não ocorrerá de cima, no plano político. O muro só poderá ser abolido lentamente, através de mudanças básicas.

Qual é a relação entre as pessoas de Berlim Oriental com o lado ocidental? O Ocidente não se encontra paradoxalmente fora, mas sim dentro do lado oriental?

Há uma grande diferença entre as atitudes das pessoas que moram em Berlim Oriental e aquelas que vivem em Leipzig ou Moscou. O berlinense oriental tem uma atitude mais esquizofrênica em relação à fronteira, ao muro, à divisão da cidade, do que a das pessoas do interior. Muitos habitantes de Leipzig gostariam de viver em Berlim Oriental, mas elas gostariam de ter aquilo que as pessoas da Alemanha Ocidental têm. Você deve considerar que a grande maioria de nossa população assiste aos programas de televisão da Alemanha Ocidental.

É acessível para o resto da Alemanha?

Apenas duas pequenas áreas não os recebem.

Como a televisão da Alemanha Ocidental afeta a população da Alemanha Oriental?

A parte mais política da programação é a propaganda. Ela é política em dois sentidos. Por um lado, significa acumular, não infelicidade, mas necessidades.

Criar necessidades?

Sim, criar necessidades. Mas, por outro lado, está enfraquecendo qualquer possibilidade de construir uma oposição de esquerda. Os modelos sonhados são em grande parte ocidentais, como comidas, bens e produtos. Isso é, paradoxalmente, um grande fator de estabilidade em nossa sociedade.

Você quer dizer que as fantasias ocidentais são um fator de estabilização na Alemanha Oriental?

Sim.

Pelo fato de serem produzidas do outro lado do muro?

Sim.

Em termos psicanalíticos, fantasias são um certo tipo de frame, *ou janela. Variantes dentro da estrutura desse dispositivo são virtualmente infinitas, mas se você quiser passar por ele para realizar sua fantasia, você morre. É este o muro para os alemães orientais: um* frame*?*

É uma boa imagem.

Mas para que seja um fator de estabilidade, não deve haver a tentação para atravessar o muro da fantasia?

Aqui a atitude mais comum, ou a fantasia mais comum, é ir para o lado ocidental de tempos em tempos e voltar. A maioria das pessoas sabe que é mais fácil viver do nosso lado.

É mesmo?

Sim, é verdade.

Como se explica isso?

No lado ocidental você tem de trabalhar mais duro. O ritmo de vida é mais lento aqui, muito mais conveniente. E a segurança social é muito maior.

Nesse caso, aqui as pessoas sentem que estão no melhor dos mundos?

Não, não. Não acredito que as pessoas se sintam assim. Os alemães ocidentais acreditam que fizeram uma negociação melhor, e de fato a fizeram, de seu ponto de vista. A maior parte da população alemã encontra sua identidade no padrão do Deutschemark (marco alemão). Não há outra identidade nacional no lado ocidental. Aqui você também necessita de Deutschemarken se quiser comprar bens e produtos. Nossa própria moeda não pode ser usada em lojas especializadas. O perigo é que o Deutschemark se torne também o nosso padrão.

O muro também existe dentro da Alemanha Oriental. A fantasia é acessível, mas a pessoa tem igual acesso ao sonho ocidental?

Agora estou ganhando dinheiro na Alemanha Ocidental, que é transferido para cá, de forma que eu tenho cheques para fazer compras nessas lojas especializadas. Muitas pessoas recebem Deutschemarken de parentes e amigos porque os *intershops* estão sempre lotados. Há evidentemente uma certa esquizofrenia aqui no plano econômico.

Você sente que um certo segmento da população tem acesso mais fácil a esses bens?

Funcionários, membros do partido ou do governo têm mais dificuldade para obter Deutschemarken. Eles são menos privilegiados sob este aspecto.

Poucas pessoas no lado ocidental acreditariam nisso.

Acho que se enganam, ao menos no que concerne à República Democrática Alemã. Talvez nosso país seja especial. Há menos corrupção na classe governante aqui do que em qualquer outro país socialista. Isto deve ser parte da tradição prussiana. Havia pouca corrupção na Prússia. Foi sempre relativamente sóbria.

A identidade prussiana está surgindo agora novamente na Alemanha Ocidental. Muitas pessoas se sentem desconfortáveis com relação a isso, pois desperta uma memória pesada. E também faz ressurgir o muro que separa os dois mundos. O que a Alemanha Oriental sente a respeito desse renascimento prussiano? Reconhece uma ligação comum, uma identidade nacional com a sua contrapartida no lado ocidental?

O interesse pela Prússia e pela história prussiana demonstrado no lado ocidental é apenas um esforço para retirá-lo do lado oriental. Este é o primeiro motivo por trás do renascimento prussiano, e o contra-argumento aqui é fazê-lo persistir, mantê-lo vivo por si mesmo. É o velho conflito alemão entre irmãos mais uma vez. A guerra entre irmãos, entre parentes, é um tema recorrente na literatura alemã. Inicia-se com Tácito e Armínio, sendo um diante de um lado do rio e o seu irmão do outro lado com os romanos. Seu irmão tenta convencer Armínio de que os romanos são o melhor destino para a Alemanha e para a civilização. Por que lutar contra eles? Mas Armínio denuncia-o como um escravo dos romanos. Eles começam a lutar e lançam espadas um contra o outro. Foi assim que tudo se iniciou – uma velha situação germânica.

De que lado estão os romanos?

Os romanos estão de ambos os lados!

Você acredita realmente que a idéia prussiana faz parte de uma estratégia para questionar a identidade da Alemanha Oriental?

Escrevi várias peças sobre a história alemã. As mais polêmicas tratam da história prussiana. Não é muito fácil vê-las encenadas porque são muito críticas contra as tradições prussianas e alemãs. Eu não diria que reviver a história prussiana ou mesmo reinstalar monumentos que foram colocados de lado seja necessariamente algo ruim. As pessoas precisam ter acesso ao seu *background* histórico. A memória da nação não deve ser descartada. A melhor forma para matar uma nação é extinguir sua memória e sua história.

Chegamos ao ponto em que a idéia de história tornou-se pouco clara. Não existe o perigo de que a história volte de forma artificial, como pura construção: memórias pré-fabricadas, identidade forjada, hiper-história? Você acredita que a idéia de Prússia se tornou hiper-real: o renascimento da história quando a história já desapareceu?

Para ficar livre do pesadelo da história você precisa primeiro conhecer a existência da história. Você precisa conhecer a história. Caso contrário ela volta na forma antiga, como um pesadelo, o fantasma de Hamlet. Primeiro você precisa analisá-lo para depois denunciá-lo, ficar livre dele. Aspectos muito importantes da nossa história foram reprimidos por tempo demasiado.

No lado oriental?

Sim. No lado ocidental uma outra parte da história foi reprimida e ainda é. Repressão não é uma forma de libertação.

O que foi reprimido no lado ocidental: o período nazista?

Sim, em grande parte.

E o que foi reprimido aqui?

Principalmente os aspectos positivos da história prussiana. Nós falamos dos aspectos negativos. Aqui havia muita ilusão sobre o papel da classe trabalhadora durante o período fascista.

Ilusões oficiais sobre o antifascismo na classe trabalhadora?

Sim. Há muito trabalho histórico sendo feito agora nessa direção.

A Alemanha Oriental tem uma tendência de jogar a culpa do fascismo na Alemanha Ocidental. Você acha que isso tem a ver com o fato de que a Alemanha Oriental pagou o preço pela guerra enquanto o lado ocidental não o fez?

A maior parte das pessoas tinha algo a esconder sobre seu passado no lado ocidental.

Livrando-se dos criminosos você se livra do crime?

Sim.

Você acredita que agora a Alemanha Ocidental está chegando a um termo com a repressão de sua própria história?

Não acredito. O problema com a Alemanha Ocidental é que ali ainda há um vácuo político. Esse vácuo é preenchido por uma maioria silenciosa que não mudou de fato suas idéias ou opiniões sobre a política, ou a história, ou o passado. Ela permanece silenciosa. A estabilidade do Estado na Alemanha Ocidental repousa nesse silêncio que permanece, exceto por alguns grupos extremistas de esquerda ou de direita.

Quando a história retornou na Alemanha Ocidental, ela vestia a máscara do terrorismo.

Sim.

Este terrorismo era tão extremado na Alemanha ...

Tem a ver com o seu isolamento.

O fato de o terrorismo ter virtualmente cessado de ser uma ameaça significa que a Alemanha Ocidental tem agora a chance de chegar a termo com a sua própria história? Você acredita que o problema ainda persiste?

Você pode vê-lo por toda parte na Alemanha Ocidental, como na atitude contra turcos ou gregos ou negros. É apenas uma continuação da atitude contra os judeus. As minorias ainda são objeto de todo ódio e frustração.

Você não encontra um problema similar no lado oriental?

Talvez de início. Durante anos foi muito perigoso dizer qualquer coisa contra os judeus aqui. E ainda é perigoso dizer qualquer coisa contra os negros que vivem aqui – trabalhando ou estudando. Aqui eles são muito mais privilegiados, mesmo em termos de dinheiro.

É uma outra forma de culpa?

Não tem nada a ver com culpa. É um sentido de solidariedade com os fracos, os desprivilegiados, os *underdogs*.

E você acredita que não é mera propaganda, mas sim um sentimento profundo na população?

Não sei se é um sentimento profundo, mas lembre-se do que disse Hegel: nenhum alemão consegue contar uma mentira durante muito tempo sem acreditar nela. O impacto da propaganda é muito lento, mas tem seu impacto, mesmo para pessoas que sintam forte oposição ao Estado ou ao partido. Existe uma simpatia real com relação a El Salvador e Nicarágua, de uma maneira muito complicada. Elas se identificam com os chilenos e com o povo de El Salvador como pessoas que se sentem inferiorizadas. Elas não se identificam com Reagan ou com a política de Reagan em El Salvador.

Quando visitei outros países no bloco oriental, notei que os alemães orientais assumiam um papel semelhante àquele dos alemães ocidentais no restante da Europa. Em outras palavras, eles também eram considerados como pessoas ricas, privilegiadas.

Em nosso bloco somente a Alemanha tinha uma longa tradição de trabalho industrial, com exceção talvez da Tchecoslováquia. Ela não existe na Polônia, na União Soviética, na Bulgária, na Romênia. E a Hungria está apenas iniciando.

A Alemanha Oriental está para os outros países do bloco oriental como a Alemanha Ocidental está, digamos, para a Itália.

A Itália é o futuro da Europa Ocidental por causa do estágio de seus conflitos. Levará dez anos até que a Alemanha Ocidental chegue até lá.

Na Alemanha Ocidental o terrorismo é coisa do passado. Na Itália é um acontecimento diário.

Na Itália não há maioria silenciosa – apenas uma classe muito rica e uma grande massa de pobreza e miséria.

Você quer dizer que a Alemanha é mais aliada dos Estados Unidos do que com qualquer outro país da Europa Ocidental?

Há uma enorme diferença entre os Estados Unidos e a Alemanha Ocidental. Nos Estados Unidos o capitalismo produz mais espaço livre por causa da imensidão do país e por haver ilhas de Terceiro Mundo, de desordem. A Alemanha Ocidental é muito mais organizada. Frankfurt é mais americana do que Nova York, como a maioria das cidades que foram destruídas no tempo da Segunda Guerra Mundial e reconstruídas muito rapidamente. Nas cidades americanas você sempre encontra diferentes patamares de história. O problema ao Sul da América do Norte está apenas começando a ser um problema na Alemanha Ocidental. Por causa da sua dependência de operários estrangeiros, a Alemanha Ocidental somente agora começou a experimentar, em relação ao Sul, problemas com os quais os americanos tiveram de se confrontar há muito tempo. Na Itália as estruturas são próximas àquelas existentes nos Estados Unidos. Toda a Itália é semelhante à Nova York.

Você tem livre acesso ao Ocidente. Você se sente privilegiado nesse aspecto?

Sim, eu sou privilegiado.

Você não se sente restringido devido a essa permissão para viajar?

Não.

E a que atribui isso? Tem a ver com o fato de ser escritor?

Talento é o primeiro privilégio e o privilégio seguinte é usá-lo. A partir do final da década de cinqüenta, eu adquiri uma certa reputação na Alemanha Ocidental. As autoridades daqui tiveram de lidar com este fato.

Foi um problema em algum momento?

Sempre foi um problema. A cada nova peça eu tenho novos problemas. Mas isso é normal. As autoridades sabem que eu não tenho as mesmas opiniões e idéias. Eles o esperam. Apesar disso, que me lembre sempre procurei ser leal com a República Democrática Alemã. Os textos de T. S. Eliot dão uma boa idéia do sentimento dos intelectuais alemães orientais que cresceram com uma esperança, uma utopia, e que agora vivem em outra parte. A utopia nunca se realizou, mas eles não são capazes de esquecê-la:

> *All this was a long time ago, I remember,*
> *And I would do it again, but set down*
> *This set down*
> *This: Were we led all that way for*
> *Birth or Death? There was a Birth, certainly,*
> *We had evidence and no doubt. I had seen birth and death,*
> *But had thought they were different; this Birth was*
> *Hard and bitter agony for us, like Death, our death,*
> *We returned to our places, these Kingdoms,*
> *But no longer at ease here, in the old dispensation,*

> With an alien people clutching their gods.
> I should be glad for another death.
>
> T. S. Eliot, *Journey of the Magi*, 1927[1].

Você acha que aqui as pessoas vivem uma utopia?

Não, mas a idéia de uma outra sociedade permanece como fonte de fortalecimento para elas. Ajuda-as a sobreviver à forma miserável através da qual a utopia foi implementada.

A idéia de utopia pode viver lado a lado com a fantasia da televisão?

A fantasia da televisão é baseada no valor do dinheiro; a utopia na nossa mente, não. O que mais impressionou Walter Benjamin quando esteve em Moscou, em 1930, no início da Nova Política Econômica (NEP) de Lênin, foi a divisão entre dinheiro e poder. Aqueles que tinham dinheiro não tinham poder. Aqueles que tinham poder não tinham dinheiro.

Isso foi em 1930...

Sim, esta era a utopia. (Ele ri.) Agora há o perigo de que a utopia fique amarrada à religião.

Você acredita que a utopia ainda possa ser fundamentada historicamente?

O problema é que utopia e história estão agora desenvolvendo-se separadamente. Tornou-se impossível visualizar a utopia dentro do processo histórico. A utopia agora está além e ao lado da história, além ou ao lado da política.

Você acredita que o Ocidente e o Oriente têm a mesma utopia?

No Ocidente o jovem tem definitivamente uma utopia semelhante.

Você acredita que ela possa ser implementada?

---

1. Tudo isso foi há muito tempo, eu me lembro/Eu faria isso de novo, mas anote/Esta anotação/Esta: Fomos levados por esse caminho todo para/O Nascimento ou a Morte? Houve um Nascimento, por certo,/Tínhamos prova e nenhuma dúvida. Eu vi o nascer e o morrer/Mas pensei que era diferente, este nascimento era/ Duro e amarga agonia para nós/Nós retornamos ao nosso lugar, este mesmo,/Mas não estávamos mais à vontade aqui, na velha revelação/Com um povo estranho agarrando seus deuses/Eu ficaria feliz por outra morte. [Trad. J. Guinsburg]. (N. da T.)

Ambos buscam viver de acordo com isso, mas a crença de que a utopia possa ser realizada aqui e ali neste tipo de sociedade está diminuindo. Por isso eles estão procurando cegamente uma alternativa – talvez não uma outra sociedade no seu todo, mas uma vida em algum lugar fora ou ao lado da sociedade.

Este seria outro sintoma para o fim da história, o fato de que as pessoas não querem mais esperar?

Especialmente em Berlim Ocidental, eu tenho o sentimento de que as pessoas estão esperando pelo Dia do Julgamento. Lá elas estão esperando pela condenação mais do que em nosso país.

Que tipo de condenação? É o poder atômico?

É o poder atômico. E também a situação perigosa de Berlim Ocidental, no caso de um conflito.

Pode ser também um tipo de síndrome.

Seu *slogan* é: "sem futuro". Quando você não tem futuro, quer o presente.

Esse é o lado positivo do niilismo.

É uma atitude muito positiva.

Há algum futuro no lado oriental?

Para os casais jovens daqui, primeiro vem o filho e em seguida o carro. As pessoas precisam esperar oito anos para ter um carro. Esta é a perspectiva de futuro.

Utopia socialista casada com consumo ocidental.

Esta é a perspectiva presente e um de meus problemas de escritura. Não tenho nenhum interesse neste *way of life* e não consigo escrever sobre ele.

Você tem um carro?

Tenho. Para mim foi mais fácil obter um. Tive de lutar por vinte anos, mas agora não tenho mais problemas. Você pode dizer que sou privilegiado, comparado com a maior parte das pessoas que vivem aqui.

Isso lhe permite cingir simultaneamente os dois lados do muro?

Gosto de estar com uma perna de cada lado do muro. Talvez isso seja uma posição esquizofrênica, mas nenhuma outra me parece real o suficiente.

É por isso que é chamado de Müller-Deutschland?

Esta é uma piada muito pessoal. Mas deve haver alguma verdade nela. Eu realmente acredito que a questão Deutschland é um problema de vida ou morte para ambos os lados. Não acredito que manter uma parte americana e uma parte russa seja uma solução permanente para a Alemanha.

Você acredita que a separação vá chegar a um ponto sem volta?

O Ocidente está esperando pela crise do império soviético e o Oriente está esperando pela crise final do capitalismo.

E você? Espera o quê?

Eu estou esperando pelo Terceiro Mundo. Ambos os lados estão esperando pelo Terceiro Mundo. É a grande ameaça para o Ocidente e a grande esperança para o nosso lado.

A reunificação da Alemanha costumava ser uma pergunta correta. Recentemente foi assumida pela esquerda.

Era uma questão de esquerda até a década de cinqüenta. Depois virou para a direita.

E virou novamente?

Agora tornou-se uma questão desprezada, uma questão que fica na geladeira[2]. A esperança é que o gelo derreta e falhe a eletricidade.

Como o seu elevador esta manhã? (Ambos riem, Müller vive no 14º andar de um novo prédio de apartamento...) A Alternative List *(proposta alternativa) incluiu a reunificação de Berlim em seu programa.*

Francamente, eu não gostaria que isso acontecesse nos próximos dez anos.

---

2. A reunificação das duas Alemanhas ocorreu no ano de 1989. (N. da T.)

Você prefere a separação?

Eu acredito em conflito. Não acredito em nada mais. O que tento fazer em meus escritos é intensificar o sentido dos conflitos, intensificar as confrontações e contradições. Não há outro caminho. Não estou interessado em respostas e soluções. Não as tenho a oferecer. Estou interessado em problemas e conflitos.

Como você pode ter conflitos e contradições entre tempos ou desenvolvimentos que nunca se encontram?

A "maioria silenciosa" aqui está muito interessada em padrões ocidentais, enquanto as pessoas mais jovens no Ocidente estão se movimentando em nossa direção. Um dia as alternativas em ambos os lados vão se encontrar. Os movimentos de superfície – a maioria silenciosa – nunca.

Você acredita realmente que a cena alternativa poderá ter um impacto duradouro na Alemanha?

A principal função dos movimentos alternativos no Ocidente é estabelecer em seu meio ilhas de Terceiro Mundo. Berlim Ocidental tornou-se a terceira maior cidade turca do mundo[3]. Daqui a dez anos a Alemanha Ocidental vai se tornar o segundo Estado turco, ou grego, ou italiano. Esse é um fenômeno muito positivo. Vai preparar o chão para a mudança.

Berlim, Londres... grandeza e decadência de impérios ocidentais. A História volta pela porta dos fundos...

Eu visitei Moscou pela primeira vez há alguns meses atrás. Era algo muito estranho. No elevador de meu hotel – uma construção enorme da era stalinista – havia pessoas de todas as províncias da Ásia. Toda a cidade parecia um campo de nômades – um campo napoleônico. Lembrou-me da última fase de Roma antiga, legislando os gregos, mas permeada interiormente pela cultura grega.

O império americano parece administrar muito bem seus próprios "nômades". Trabalhadores mexicanos imigrantes na Califórnia, por-

---

3. Evidentemente, o problema modificou-se desde a data da entrevista, nestes últimos anos. A Alemanha promulgou uma série de leis que reconheceram os direitos das minorias, muito embora os problemas culturais e sociais dessa questão decorrentes ainda estejam em pauta. (N. da T.)

to-riquenhos em Nova York, cubanos na Flórida... A exploração externa é simplesmente multiplicada a partir de dentro. O mesmo ocorre com os turcos na Alemanha.

Há uma diferença entre os dois sistemas: os soviéticos russos têm sucesso em dar às nações ou províncias asiáticas – talvez não autonomia, mas muitas vezes um padrão de vida mais elevado do que o seu próprio. As províncias asiáticas têm mais acesso ao conhecimento e um sistema educacional mais democrático e sofisticado do que a maioria dos países ocidentais. Eles estão trabalhando pela sua própria *Aufhebung*[4].

Como poderíamos traduzir isto: promotion*?*

Você continua uma tradição e ao mesmo tempo dela desiste. Você destrói a si mesmo.

Você reencontra a si mesmo em outro plano.

Sim.

É um conceito dialético de história. Você ainda acredita em dialética?

Isto não tem nada a ver com dialética. Toynbee costumava dizer que uma árvore enfraquece a si mesma ao crescer. Este é o início da decadência.

A realização de uma civilização é ao mesmo tempo sua própria dissolução?

Essa dissolução é a esperança.

Porque pode simultaneamente dissolver os muros?

Ao menos pode liberar aqueles elementos que originalmente foram reunidos pelo imperialismo.

Estamos nos aproximando do ponto em que os vários muros abrirão caminho para muitos outros menores.

---

4. Terminologia utilizada no contexto da dialética de Hegel. Muitas vezes encontramos a tradução: tese/antítese/síntese. De acordo com o conceito hegeliano, a tradução mais adequada para *Aufhebung* (*síntese*) seria "superação", já que implica não apenas numa soma/síntese dos opostos, mas na sua transformação em algo novo. (N. da T.)

É melhor ter milhões de muros pequenos do que um ou dois grandes muros.

É disso que trata o fim da história. A História foi um grande muro a ser ultrapassado...

Esse é um conceito europeu de história – muito linear.

O muro da história é perfeitamente visível aqui. Isso lhe permite enxergar outras formas de separação?

Pode-se ver o fim da história mais claramente a partir daqui.

O muro de Berlim pode vir a ser a fantasia da história realizada, um monumento vivo para um conceito agora defunto. Ou um objeto estético como o Running Fence, *do artista Christo. Você o vê dessa forma?*

Sim, é possível.

Você sempre colocou a história como o centro de suas preocupações como escritor?

Sempre fui objeto da história e procuro tornar-me sujeito. Esta é minha preocupação como escritor. O teatro na Europa sempre esteve ligado à história, principalmente por causa de sua situação geográfica. A Alemanha sempre foi objeto da história, mais do que a França ou a Itália.

Falei recentemente com Klaus Wagenbach. Na opinião dele houve uma transformação definitiva na Alemanha, ele acredita que as pessoas tenham superado a tentação da violência, a tentação da guerra – uma opinião que está longe de ser compartilhada com o resto do mundo.

Acho que é uma ilusão.

Você acha que a besta ainda está viva e esperneando?

Tenho certeza disso. Está apenas esperando por uma nova oportunidade.

Esta é uma idéia muito brechtiana. É por isso que escreve para o teatro?

Eu ainda acredito que as platéias alemãs só entendem a linguagem militar. Você tem de lutar com elas no teatro – caso contrário não entendem nada.

Até que ponto a linguagem do teatro pode ser eficaz?

Em nosso país o teatro permite reunir quinhentas a oitocentas pessoas numa sala ao mesmo tempo, no mesmo espaço, reagindo àquilo que se passa em cena. O impacto do teatro aqui se baseia na ausência de outras formas de veicular mensagens entre as pessoas. O cinema não tem a mesma importância talvez porque haja tanto controle. Filmes também exigem mais dinheiro do que o teatro. O resultado disso é que aqui o teatro assumiu a função de outros *media* no Ocidente. Eu não acredito que o teatro tenha um impacto tão grande na Alemanha Ocidental, por exemplo. Você pode fazer o que quiser ali no teatro, mas não significa nada para a sociedade. Aqui o *slogan* da era napoleônica ainda tem aplicação: o teatro é a revolução em marcha.

É por isso que escolheu o teatro como seu medium?

Talvez não tenha sido uma escolha – surgiu das contradições e situações nas quais você não tem outra saída ou nas quais precisa ser o sujeito. Quando você é um objeto da história, necessita de outros personagens com quem conversar sobre seus problemas. A primeira imagem que tenho de minha infância é de 1933. Eu tinha quatro anos. Estava dormindo. Aí ouvi um barulho vindo de outro quarto e vi pelo buraco da fechadura que havia homens batendo em meu pai. Eles o estavam prendendo. Os homens da polícia nazista o estavam prendendo. Voltei para minha cama, fazendo de conta que estava dormindo. Então a porta foi aberta. Meu pai estava de pé na soleira. Os dois homens ao seu lado eram muito maiores do que ele. Ele era um homem muito pequeno. Ele olhou para dentro e disse: "Ele está dormindo!" Então eles foram embora com ele. Esta é a minha culpa. Fiz de conta que estava dormindo. Esta é a primeira cena de meu teatro.

O primeiro pesadelo da história.

Sim. Minha próxima memória também tem a ver com meu pai. Fui visitá-lo no campo de concentração com minha mãe. Foi em 1934 ou 1935. Estávamos do lado de fora do portão. Ele foi levado até o portão por dois guardas. Ele parecia muito pequeno novamente. Suas roupas eram grandes demais para ele. Minha mãe falou com ele através do arame farpado. Eu não conseguia falar. Então ele foi levado embora.

Um dos guardas disse: "Não se preocupe. Seu pai será levado para casa logo mais". Ele tinha um rosto rosado. Estava usando um uniforme. Fomos para casa e tempos depois minha mãe me contou que eu falava durante o sono por muitos dias ou semanas. Eu não conseguia entender por que ele não tinha pulado o muro. A terceira memória foi quando ele deixou a Alemanha Oriental. Ele teve problemas aqui com o stalinismo.

Ele foi preso inicialmente por ser comunista?

Sim. Ele deixou a Alemanha Oriental em 1951 e eu o encontrei em Berlim Ocidental. Ele foi preso em um campo e interrogado pelos aliados. Eles não quiseram reconhecê-lo como refugiado político porque tinha sido funcionário dos social-democratas na Alemanha Oriental. Eles também suspeitavam dele. Depois descobriram que ele tinha um tipo de bactéria, algo que nunca tinha tido antes. Foi colocado num hospital e isolado. Conversamos através de uma porta de vidro. Ele estava de um lado do vidro e eu do outro. Essa foi a próxima imagem.

Você não o acompanhou para o lado ocidental?

Não.

Por que não?

Não pensei nisso naquele momento. Talvez eu me identificasse mais com Berlim Oriental ou com o sistema russo do que ele. Sobretudo, eu queria ficar só. Imagino que era uma boa forma de ficar livre de meus pais.

Você também estava tentando ficar livre da história?

Há outra memória de 1936 ou 1937. Na escola, tivemos de escrever um ensaio sobre a Autobahn (estrada de rodagem). Disseram-nos que o melhor texto seria enviado para Berlim. Receberia um prêmio ou medalha. Voltei para casa. Meu pai estava desempregado. Minha mãe não estava em casa. Ela estava trabalhando numa fábrica. Falei a meu pai sobre o ensaio. Ele disse: "Não tem problema. Você não precisa ganhar a medalha. Não se preocupe". Duas horas mais tarde ele disse: "Vamos comer". Ele preparou a comida. Depois disse: "Vou ajudá-lo a escrever". E ele me ajudou. Depois disse: "Você precisa escrever que é uma boa coisa. O Führer está construindo a Autobahn porque meu pai, que está desempregado, poderá conseguir um emprego ali". E eu escrevi isso. Essa foi uma experiência de traição e fraqueza, mas um outro tipo de fraqueza, diferente daquele de antes. Houve uma ruptura entre nós, desde então.

Você ganhou a medalha?

Eu ganhei um prêmio.

E seu pai?

Ele ganhou o emprego na Autobahn.

Por causa do ensaio?

Sim, as autoridades gostaram do texto. Eles estavam procurando por exemplos que pudessem ser usados como álibi e, como eu mencionei o problema de meu pai, eles lhe deram o emprego.

Você reparou sua dívida com uma traição. Foi por isso que não seguiu os passos de seu pai?

Essa foi uma das principais razões.

Naquele momento essa traição ocorreu através da escrita.

Sim.

Você pensou em ser escritor naquele momento?

Sim.

Foi esse o seu primeiro texto?

Sim.

Mas era uma "estrada" errada?

Sim.

Você era comunista naquele tempo?

Ao menos achava que era. Eu acreditava em comunismo, mas Stalin não tinha nada a ver com isso. Aprendi sobre stalinismo com meu pai.

Seu pai teve problemas com os nazistas porque era comunista e com os comunistas porque era antistalinista.

E depois houve o grande paradoxo de sua vida no Ocidente. Ele começou a trabalhar para a administração da Alemanha Ocidental. Seu emprego era pagar pensões para as viúvas dos nazistas, viúvas de generais e velhos oficiais da Wehrmacht.

As viúvas dos nazistas recebiam pensão?

De acordo com a lei da República de Weimar, viúvas de empregados civis, como Göring, recebem pensão, e bastante alta. É muito mais difícil comunistas ou viúvas de comunistas receberem pensão na Alemanha Ocidental.

Você considera uma ironia da história que seu pai tenha sido obrigado a assumir essa responsabilidade?

Sim.

Você sente que foi uma justiça imanente?

Sim. Mais uma retribuição.

Ao escrever sobre a história – isto é uma outra forma de lidar com a dívida?

Dedico minha existência a escrever. O outro nível de existência é apenas perfunctório.

Quando sua escritura é encenada, assume uma outra dimensão? Você mencionou há pouco que o teatro, em oposição à ficção, é um fenômeno coletivo.

Eu tenho uma dificuldade real em escrever prosa. Eu não acredito em literatura como uma obra de arte a ser lida. Eu não acredito em leitura. Não posso me imaginar escrevendo uma novela.

O ensaio sobre a Autobahn é a única obra em prosa que escreveu?

Não, foi a primeira peça. Eu escrevi trabalhos em prosa muito curtos.

De onde provém sua descrença da prosa?

Escrevendo prosa você está só. Você não pode se esconder de si mesmo.

Você se viu obrigado a assumir pessoalmente a responsabilidade pela sua escritura?

Não acredito que eu possa escrever prosa na terceira pessoa. Eu não posso escrever: "Washington levantou-se e foi até a rua 42".

Esta era a maior objeção de André Breton e dos surrealistas sobre a ficção. Eles não conseguiam escrever: "A marquesa saiu às cinco horas..."

Eu me imagino escrevendo prosa na primeira pessoa. Ao escrever para o teatro você sempre tem máscaras e papéis e você pode falar através deles. É por isso que prefiro o teatro – por causa das máscaras. Eu posso dizer uma coisa e dizer também o contrário.

Você não quer assumir uma posição equívoca. É por isso que gosta de dramatizar contradições?

Eu quero me livrar das contradições e é mais fácil fazê-lo através da forma dramática. Tive uma experiência muito estranha ao escrever um curto texto de prosa sobre o suicídio de minha esposa (ela se suicidou em 1966). Primeiro escrevi na terceira pessoa: "Ele voltou para casa e ele viu..." Então descobri que essa era a atitude de um covarde, daí mudei para o pronome "eu": "Voltei para casa e a vi..." Uma outra parte do texto trata da memória do fim da guerra. Fui prisioneiro de guerra num campo americano em Schwerin. Fiquei apenas dois dias. Consegui trocar minha ração de carne, através da cerca, por um paletó civil. Eu o vesti e fui até o portão. Falei com o guarda americano e ele me mostrou fotografias de sua família e filhos. Falei com ele durante algum tempo. Logo estava do outro lado do portão. Demo-nos as mãos e ele se foi. Isso foi a guerra para mim. Depois fiquei só por muito tempo. Estava caminhando em campo aberto quando encontrei um soldado alemão. Ele tinha a minha idade, dezesseis. Nunca vou esquecer de seu rosto. Parecia um galo. Tinha o rosto de um galo. Ele se agarrava a mim. Precisava de companhia. Ele necessitava de um guia. Foi terrível. Tentei me livrar dele por dias a fio. Eu o tratei muito mal. Foi a primeira vez que eu quis matar alguém, apenas para me livrar dele. Ele era tão fraco, olhava para mim como um escravo. No texto sobre o suicídio de minha esposa, tentei escrever sobre essa experiência. Descrevi o assassinato desse rapaz. Na realidade, eu não o cometi, mas nesse texto eu o matei três vezes. Foi uma sensação muito estranha, escrever: "Eu peguei a espada e rachei sua cabeça, vi o sangue espirrando". É uma experiência de escritura totalmente diferente daquela de ter dez assassinatos na forma dramática. É muito mais pessoal.

O paradoxo é que, do ponto de vista gramatical, a primeira pessoa é tão pessoal que qualquer um pode apropriar-se dela. Quem quer que escreva ou leia "eu" torna-se "eu".

Para mim, a primeira pessoa é muito pessoal. O espaço entre mim e eu mesmo é tão vasto...

...que necessita dramatizá-lo.

Sim.

Há uma relação definitiva entre a prosa e o teatro. O teatro é uma superação da prosa e a prosa uma repressão do drama da subjetividade. Você dramatiza a subjetividade na história com o objetivo de eliminar a primeira pessoa. Isto significa que a temática de suas peças é sempre pessoal?

Não na superfície, mas há sempre algo muito pessoal nelas. Talvez seja por isso que eu não goste de falar sobre minhas peças. Eu não acredito que uma peça possa ser boa se você não queimar todas as suas intenções no processo da escritura. É por isso que não existe a necessidade, não há o impulso de falar sobre elas. Se você falar sobre o seu projeto antes de realizá-lo, você perde o impulso para escrevê-lo. E depois de terminado, é como falar sobre um cadáver, um corpo morto. Ao escrever, eu me livro dele.

Suas peças são uma forma de livrar-se da história? Mais do que falar sobre ela? Mas história é uma palavra tão abstrata. Suas memórias de seu pai, da guerra, do campo de concentração, do campo americano, todos esses muros e cercas... são essas as raízes verdadeiras de sua preocupação com a história?

Acredito que sim. O confronto com o poder, isso para mim é história como experiência pessoal. Veja a minha versão de *Filoctetes*, de Sófocles, por exemplo. Na minha peça Filoctetes é morto pelo seu amigo Neoptólemo. O argumento é o seguinte: Filoctetes odeia Odisseu. Mas Odisseu percebe que necessita Filoctetes para terminar a guerra troiana. Ele pede a Neoptólemo para convencer Filoctetes a vir com eles. Neoptólemo não quer mentir e, por isso, conta a Filoctetes que foi comissionado por Odisseu. Filoctetes não compreende os motivos de

Neoptólemo e, dessa forma, desaparece o projeto de entendimento entre Filoctetes e Odisseu. Filoctetes quer matar Odisseu, mas Neoptólemo acaba matando Filoctetes. Odisseu diz-lhe, então, que o cadáver de Filoctetes é tão bom quanto o corpo vivo. Ele mostra o cadáver para as tropas de Filoctetes, dizendo-lhes que ele foi morto pelos troianos quando perceberam que não podiam persuadi-lo a lutar com elas.

Odisseu é o poder do Estado e sua esperteza é inerente ao seu poder.

Há três atitudes possíveis diante da história, da política: Odisseu é a atitude pragmática e Neoptólemo é a inocente. Ele mata porque é inocente. Filoctetes está além da história porque é vítima da política.

O inocente termina sempre com as mãos sujas.

Sim.

Você estava fazendo o papel de inocente quando trabalhou no artigo sobre a Autobahn?

Acredito que sim.

É por isso que precisou lavar as mãos escrevendo para o teatro?

Sim.

Se o problema da história é uma questão de poder, devemos acreditar que a história acabou?

O poder está se tornando cada vez mais espetacular e irreal. Está se tornando um jogo de poder. Seus elementos teatrais estão ficando cada vez mais claros. Ninguém mais tem poder e isso é algo com que jogar.

A representação do poder está cada vez mais divorciada do poder real.

É cada vez mais uma carcaça vazia. Não carrega mais conteúdo. É como um jogo de tênis.

O poder agora é internalizado. Está na cabeça das pessoas. Aparenta ter-se tornado democrático. Como você conseguiu trabalhar um conceito de poder moderno como esse através da antiguidade, através de uma temática que se refere a um conceito mais tradicional de Estado e uma deliberação de esperteza por parte de Odisseu, o homem de Estado?

Na minha versão da peça a guerra troiana é apenas um símbolo ou imagem da revolução socialista, que alcança o estágio no qual termina em estagnação, envelhecida. Odisseu não quer entrar na guerra; ele foi compelido a tal. Ninguém na realidade o quer, mas agora todos estão em guerra e a única forma de sair dela é afundar mais ainda para chegar a um término. Não existe mais ideologia, porém você só pode terminar a guerra destruindo o inimigo.

Como isso se relaciona precisamente com a revolução socialista?

Um estudante de Göttingen estava escrevendo sua dissertação sobre a minha versão de *Filoctetes*. Ele veio a Berlim Oriental e me fez algumas perguntas. Sentou-se e tirou um bilhete de suas meias. Então leu as perguntas. Uma delas era por quê as rochas em Lemnos, onde Filoctetes estava isolado, eram vermelhas. Ele havia descoberto – eu não o sabia – que o primeiro exílio de Trotsky foi numa ilha perto da Turquia, conhecida por suas rochas vermelhas. Foi por isso que havia escondido o bilhete em suas meias. Ele tinha medo que se mencionasse Trotsky, isso lhe trouxesse problemas na fronteira. Ele leu a peça como referência a uma situação em que Stalin necessita da ajuda de Trotsky e tenta persuadi-lo a voltar. Mas Trotsky não quer voltar. O estudante não sabia que eu havia escrito a peça sobre a situação envelhecida do socialismo soviético e, de uma forma mais geral, sobre a revolução russa no contexto da revolução mundial. A idéia de Lênin, de que a revolução alemã estava próxima porque a revolução aconteceria primeiro em países industrializados, provou não ser verdadeira. A revolução alemã falhou e ele foi obrigado a desistir da idéia de revolução ou de sua implementação em um único país. E como não houve outro objeto, isto significou colonizar a sua própria população.

Isto foi o início do dilema. Isso significa que enquanto existirem blocos, eles irão bloquear a evolução da história? Isso significa que haverá história enquanto houver blocos? A sua esperança, pelo que eu entendo, é que cada um dos blocos vá ruir a partir de dentro.

Acredito que a existência de blocos e que a maneira como os blocos compreendem a si mesmos, a identidade dos blocos, baseia-se na ilusão da história.

As oposições sempre exercem um papel conservador. Em outras palavras, a história é conservadora.

Um crítico viu em minhas últimas peças um ataque à história, ao conceito linear de história. Ele as leu como rebelião do corpo contra as idéias, ou mais precisamente: o impacto das idéias, e da idéia de história, sobre o corpo humano. Este é de fato o meu ponto de vista teatral: a crença no corpo em cena e seu conflito com as idéias. Enquanto houver idéias, haverá feridas. Idéias infligem feridas ao corpo.

Idéias produzem corpos mortos. Enquanto houver história...

...você terá vítimas.

Há três papéis históricos: o papel do homem de Estado pragmático, envelhecido; o papel do assassino inocente, e a vítima, que toma parte e tem seu papel na história. Não acredito que haja escolha a ser feita entre os três.

Não, não há escolha. Minha escolha está fora da peça.

A inocência também não é uma boa posição. A culpa do assassino é incomensurável frente ao ato. Você acredita que a Alemanha agora está fazendo o papel de inocente?

Isso me parece um ponto de vista por demais idealista. Na década de vinte alguém descobriu que o lixo da produção de aço podia ser usado por outras indústrias. Diversos estágios da produção de aço foram interligados com a produção de carvão etc. No entanto, isto só funcionava até um determinado nível de rendimento. Quando a crise diminuiu o nível de rendimento, a guerra tornou-se uma necessidade. O ponto de mutação na história pré-fascista alemã ocorreu em 1932. Os principais empresários das indústrias alemãs se encontraram em Düsseldorf e Hitler pronunciou o seu célebre discurso, que era realmente um discurso marxista. Ele declarou que o padrão de vida da raça branca só poderia ser incrementado caso o padrão de vida das outras raças decrescesse. Você não pode manter essa posição apenas através da economia, ele disse. Você também necessita de meios militares. Eles entenderam perfeitamente esse tipo de linguagem e o líder recebeu o dinheiro de que necessitava para continuar a guerra. Este foi o último baluarte contra o socialismo.

Hitler não era inocente. Mas transformou a Alemanha num país de assassinos. Você acredita que a Alemanha só possa enfrentar a face de seu passado através da máscara da cultura grega?

Eu não gostaria de escrever uma outra peça ou adaptação antiga agora. No início da década de sessenta, no entanto, você não podia escrever uma peça sobre o stalinismo. Você necessitava desse tipo de modelo para confrontar as questões reais. As pessoas aqui entendem muito rapidamente. Mas no Ocidente talvez seja lido apenas como uma estória estranha, uma mera versão de um drama antigo. Isso obviamente pode ser um problema.

Por outro lado, usar os gregos para falar de uma situação contemporânea tem uma tradição venerável. O que ocorre na Alemanha Oriental que faz com que se volte para os gregos para falar do presente?

Há duas razões. A primeira é ideológica. No tempo do drama antigo a sociedade grega ainda estava ligada à lei dos clãs. O passo que vai do clã para a cidade, para a *polis*, marca o início da sociedade de classes. Agora o objetivo da Alemanha Oriental é colocar um final nesse tipo de sociedade. Dessa forma, os pontos de mutação podem ser relacionados ideologicamente em nossa mente. A segunda razão eu quero emprestar do diário de Goethe no tempo em que estava escrevendo *Ifigênia*. As pessoas que trabalham, ele disse, estão morrendo de fome, mas eu tenho de escrever *Ifigênia*.

Seu problema não é que a história acabou, mas como acabar com ela.

Sim.

Paradoxalmente, é um fator positivo para você, como dramaturgo, escrever e ser encenado em um país onde as coisas não podem ser discutidas de forma tão explícita como no Ocidente? Isso é parte intrínseca de sua máscara?

Existe uma observação de Hölderlin (procuro sempre usar citações) sobre a função do drama no tempo de Sófocles. "As palavras deviam fazer efeito", Hölderlin escreve. Palavras são assassinatos. Um texto tem dois níveis de transmissão: um deles é a informação, o outro a expressão. Aqui a expressão é muito mais forte e as palavras são muito mais efetivas do que no Ocidente, porque a informação é muito mais reprimida. Aqui as palavras não são um mero veículo para a informação, você deriva a informação da expressão. Isso é uma situação melhor para o drama. Quando estou no Ocidente por um período de tempo um pouco maior, conscientizo-me da inflação de informação. Ninguém consegue provavelmente ler o jornal em um dia. Ler um jornal é trabalho para um dia inteiro. E quando você o faz, na realidade você não recebe informação nenhuma porque ela existe em excesso. Não há seleção. Essa é uma forma de informar mal as pessoas, informando-as.

Você informa as pessoas até a morte, mas a informação está divorciada da expressão.

Aqui, por outro lado, é muito simples. Se pegar os jornais diários da Alemanha Oriental, sabe o que é importante. Está na primeira página. A palavra-chave está ali. O nome é importante aqui, mas lá não...

Em outras palavras, na medida em que tudo é estritamente codificado, você sente que isso abre um limite de expressão virtualmente desconhecido em outro lugar. Como isso afeta a recepção de suas peças no Ocidente?

A questão tem mais a ver com a qualidade estética desse tipo de teatro. É poderoso porque não pertence a este mundo em decadência. Provém do mundo antigo. Pertence a outro lugar.

Sua prosa tem uma qualidade maciça.

Talvez isso aconteça porque a pressão da experiência é mais forte aqui do que no Ocidente.

As pessoas no Oriente compreendem imediatamente que você está escrevendo sob uma máscara?

Elas facilmente reconhecem, sentem ou vêem o silêncio entre as palavras, entre sentenças. Elas sabem o que está acontecendo entre as palavras. Elas trazem a sua própria experiência. As pessoas no Ocidente, não. Para elas é apenas um espaço vazio.

A leitura é mais ativa aqui e mais estética e distante no Ocidente.

Sim.

Você é capaz de, antes de escrever, estimar o peso deste silêncio ou você só se surpreende depois, com o poder de alusão de suas peças?

É sempre uma surpresa. Quando estou escrevendo, não vejo claramente a distância entre as sentenças ou as palavras. Quando escrevo, é apenas um texto. Eu observo este silêncio apenas semanas ou meses mais tarde quando o leio, ou quando está sendo encenado. É por isso que sempre fico numa situação difícil quando sou forçado a interpretar meus próprios escritos. Escrevo mais do que sei. Escrevo num outro tempo que não aquele em que estou vivendo.

De onde está escrevendo? É o tempo de Odisseu ou o tempo de Filoctetes?

Eu penso que estou no tempo de Filoctetes, embora não possa supor que viva naquele tempo. Heinrich Mann disse de seu irmão, Thomas Mann, que a partir do momento em que escreveu *Buddenbrook*, não o viu mais sofrer. Aqui tenho a reputação de ser pessimista. Sou acusado de ter uma atitude pessimista diante da história. Nunca entendi isso porque na vida não tenho problemas. Os problemas estão na minha escritura, não na minha vida.

Outro dia você me disse que quando escreve é um tipo de caixa preta.

Um espaço negro. Não gosto de ter conceitos detalhados. Não gosto de saber o enredo antes de encontrá-lo. Nunca procuro um enredo. Eu o encontro antes de procurá-lo. É disto que gosto no ato de escrever: é um risco, uma aventura, uma experiência. Quando termino, posso pensar a respeito, mas então é outro assunto.

A história é algo com o qual é possível conectar-se de uma forma pessoal. É ao escrever sobre si mesmo que se tem acesso imediato à história.

Sim.

E com relação às narrativas que discutimos anteriormente? Talvez escreva-as com empenho diferente, mas se não tivesse a experiência da história num plano tão pessoal, então sua escritura seria muito diferente.

Há uma definição de teatro de Gertrude Stein de que eu gosto muito. Escrever para o teatro significa que tudo o que está acontecendo durante a escritura pertence ao texto. Quando você escreve prosa, senta-se por algum tempo e simplesmente escreve, enquanto ao escrever drama você não pode ficar sentado. É linguagem corporal, mais do que a prosa.

(abruptamente) Ao citar pessoas: isso é outra forma de usar máscaras?

Talvez. (Ele ri.)

Tanto a citação, quanto o drama, são de certa forma um relacionamento. Afinal, Sófocles também é uma citação.

Sim.

É assim que lida com a subjetividade?

Sim.

De uma peça para outra, você acha que alguma coisa é solucionada?

Não.

E sua relação com a sua própria história, ou com a história – algo é afetado pela sua própria escritura?

A primeira preocupação que eu tenho quando escrevo para o teatro é destruir as coisas. Durante trinta anos, *Hamlet* foi uma obsessão real para mim. Procurei destruí-lo, escrevendo um texto curto, *Hamletmaschine*. A história da Alemanha foi uma outra obsessão e eu tentei destruir essa obsessão, todo esse complexo. Eu acho que o impulso principal é desnudar as coisas até o seu esqueleto, libertá-las de sua carne e superfície. Então você termina com elas.

Você prefere a linguagem corporal, mas você não gosta de corpos em estado de putrefação. Essa é uma atitude que muitas vezes encontramos nas sociedades "primitivas". Elas comem a carne dos falecidos porque querem que os ossos fiquem limpos. Você acha que o teatro tem raízes primitivas?

A fórmula do teatro é apenas nascimento e morte. O efeito do teatro, seu impacto, é o medo da transformação porque a última transformação é a morte. Existem apenas duas formas de lidar com esse medo: como comédia, deflagrando o medo da morte; e como tragédia, elevando-o.

Voltando a Filoctetes *– isso significa que mesmo quando você está morto não se livra da história. A morte em si mesma pode ser usada. A morte é um processo e somente quando vem a ser ossos você perde sua identidade, que ainda assim pode ser usada para todos, em nome de objetivos humanos.*

Fiquei muito espantado quando falei com Klaus Michael Grüber. Ele me disse que não gostaria de encenar uma de minhas peças (ele não gosta de peças), mas sim um de meus poemas. O conteúdo desse poema é o seguinte: "Estou voltando de algum país estrangeiro para Berlim; pego um táxi no aeroporto e estou olhando para esta cidade morta de Berlim. Pela primeira vez sinto a necessidade ou o desejo de retirar minha esposa morta de seu túmulo e olhar para o que dela restou. Quero ver os ossos que nunca antes vi." É muito típico que Grüber quisesse fazer isto.

O problema com a história é...

...que seja coberta com carne e pele, superfície. O impulso mais importante é atravessar a superfície para ver a estrutura.

Mas primeiro você tem de tirar o corpo do túmulo. Precisa trazê-lo à luz. Você tem de expor os ossos da história para assegurar-se que a história está morta.

Sim.

Nas sociedades primitivas os mortos fazem parte da vida. Eles ainda pertencem à tribo. Eles não necessitam assombrar os vivos porque nunca cessam de se comunicar com eles. Nossas sociedades, ao contrário, baseiam-se na repressão da morte. É preciso lidar com essa repressão, especialmente na Alemanha, onde a morte e a história tornaram-se tão indistintas que a história só podia voltar através do terror, trazendo terror e morte. Talvez o que você faz com o teatro é assegurar que a morte faça parte novamente da vida, de forma que o corpo putrefato da história pare de infestar a vida alemã.

Gosto muito de uma frase dos documentos de um garoto judeu que viveu em Varsóvia, em um gueto. Os documentos foram encontrados depois da guerra. O garoto foi morto. Ele tinha por volta de onze ou doze anos. A frase é: "Eu quero ser alemão". Acredito que tem a ver com a sua observação. Ele, que estava vivendo em perigo, vivendo em confrontação diária com a morte, queria estar do outro lado. Ele queria ser alemão. Redistribuindo a morte, ele buscava reprimir o medo da morte.

Você poderia ser um garoto judeu?

Não, é tarde demais.

Mas você acredita que esse problema é muito alemão?

Sim, acredito.

Foi muito surpreendente conversar ontem com uma estrela pop, Annette Humpe, pelo fato de que há uma grande ambivalência por parte dos alemães em relação ao seu próprio país. Há um sentimento, especialmente na nova geração, de que eles devem lidar com algo pelo qual não se sentem responsáveis, mas também não sabem como se livrar.

Responsabilidade?

Nós o chamamos de história. Você também sente esse tipo de ambivalência em relação à cultura alemã? Você sente que há algo inerente a ela que levou ao terror do nazismo e ao extermínio dos judeus? O fato de ter mencionado o gueto – é algo que faz parte de seus silêncios?

Em uma das publicações de sua revista – acho que foi a *Nietzsches Return* – há uma anedota cuja fonte não consegui encontrar, embora não acredite que tenha sido uma invenção. Era uma história sobre um estudante que sai no meio de uma palestra proferida por Hegel. Ele disse que não agüentava mais porque repentinamente teve a sensação de que a morte estava falando. A conseqüência dessa forma radical de pensamento, de pensar em termos lógicos, tem algo a ver com os campos de concentração. Este é o lado negativo de ir até os ossos. Isso ainda é um problema alemão.

Sendo eu próprio judeu, estava do lado do garoto judeu. No entanto, nunca quis ser alemão.

Você não viveu num gueto.

Meus pais vieram de Varsóvia. Quando voltei para Berlim (foi exatamente há vinte anos, apenas alguns dias antes de ser construído o muro) fiquei surpreso e até mesmo preocupado por não sentir nenhum tipo de hostilidade com relação à Alemanha. Era como se a morte tivesse sido enterrada, ao menos no que concernia a mim. Eu sentia, no entanto, que ela não havia sido enterrada para os alemães, especialmente para alguns escritores que eu encontrava ou lia, como Peter Brückner, Thomas Schmidt ou Klaus Wagenbach. Eu sentia que esses eram os inocentes. E isso me deixava muito desconfortável, porque eu sentia que o tipo de discurso humanista que apresentavam é ainda um produto da culpa. E, sendo eu próprio judeu, não queria lidar mais com a culpa. Sentia-me, ao contrário, próximo da nova geração de alemães, e sou de fato alemão nesse sentido: eu não quero ser obrigado a conviver com a culpa, não por medo da morte, mas porque eu acredito que a culpa tem de ser superada em algum lugar.

Sim, porque a culpa produz o crime.

Isso mesmo, e eu acredito que é exatamente o que você procura com sua escritura: voltar para os ossos da história alemã a fim de assegurar-se de que o crime não jaz silencioso na culpa e na repressão.

Sim.

Você acredita que há uma diferença a esse respeito entre as duas Alemanhas? Você acredita que paradoxalmente a limpeza que faz do corpo morto da história só poderia ter sido feito no Oriente – nem tanto com referência à Alemanha Oriental, mas antes em relação à Alemanha Ocidental? É por isso que é chamado de Müller-Deutsch-land?

Há uma certa verdade nessa expressão: eu nunca pensei nisso antes, mas estou certo de que para os alemães ocidentais – especialmente para os escritores alemães ocidentais – há colocações de superfície tão grossas que é difícil chegar até os ossos da estrutura. A superfície aqui é muito fina, talvez devido à fragilidade econômica desse sistema, dessa indústria, se comparada com a indústria da Alemanha Ocidental. É mais fácil aqui captar os problemas e as questões essenciais.

No Oriente, o seu silêncio, de uma certa forma, é preenchido, mas paradoxalmente esse discurso pode ser dirigido para o Ocidente de uma forma muito mais virulenta.

Citações novamente. É do poema de Ezra Pound, "Exile's Letter" ("A Carta do Exílio"):

"what is the use of talking and there is no end of talking, there is no end of things in the heart".

Eu acho que há murmúrio em excesso no Ocidente... As peças de Botho Strauss – *Grande e Pequeno*, por exemplo – são apenas murmúrio.

É apenas um envoltório?

Sim.

É uma camada do túmulo?

Sim.

No outro dia você mencionou que uma linha de peça sua foi lida como alusão à situação polonesa. Isso pode ser muito importante para as pessoas daqui, mas é um caminho literal para preencher o silêncio. Um silêncio muito profundo pode estar repleto de palavras.

Há dezesseis anos escrevi uma peça sobre os problemas dos operários industriais. Ela foi produzida aqui somente no ano passado. Trata das greves e dos problemas do muro. O tempo da peça é 1961 – ano em que o muro foi construído e a fronteira fechada. As autoridades e os produtores de teatro tinham medo do impacto da peça. Tudo dependia da reação do público. Na peça há uma situação na qual um funcionário do partido, do centro da cidade, vem para o local da construção. Ele ataca de forma muito violenta o funcionário do partido local por estar próximo demais das tendências anarquistas que há entre os trabalhadores de construção. Ele lhe pede para despedir um operário conhecido por seu anarquismo. "Não vou despedi-lo", responde o representante local do partido, "porque ele é importante aqui e é um bom trabalhador". Então chega o operário e a primeira frase que ele dirige ao funcionário do partido é: "Meus parabéns pela construção do muro. Você venceu um *round*, como numa luta de boxe. Mas era um golpe por debaixo do cinto. Se eu soubesse que estava construindo minha própria prisão neste lugar, eu teria explodido cada um dos muros com dinamite". Esta é uma frase muito estranha, em cena, para se justificar. Neste ponto, o destino da encenação dependia inteiramente da reação do público. Se eles tivessem aplaudido ou dado risada nesta frase, toda a encenação poderia estar ameaçada. Mas houve apenas silêncio, um silêncio muito longo. Eles haviam reconhecido o poder do silêncio. Esta é uma qualidade da platéia. Ela sabia que não devia reagir. E a performance continuou.

1981

DIÁLOGO COM BERNARD UMBRECHT*

BERNARD UMBRECHT – ... *Gostaria de perguntar por que escreveu a peça Die Schlacht (A Batalha)?*

HEINER MÜLLER – Não é bem uma peça, é, na verdade, uma montagem bastante solta de cenas. Elas foram escritas em grande parte logo depois da guerra, isto é, quando comecei a escrever, no início da década de cinqüenta. Naquela época significou para mim uma tentativa de elaborar um trauma, o trauma fascista. Depois desengavetei esses escritos, acho que em 1973 ou 1974, e fiz essa colagem...Poucos textos foram reescritos. Talvez seja importante dizer que, na época em que escrevi a maioria dos textos, havia uma outra situação, uma outra motivação diferente daquela de 1974... Minha motivação era outra e a situação também. Naquela ocasião a atitude fundamental era antifascista. Acreditava-se que o fascismo era uma questão meramente político-econômica e que com os fundamentos econômicos todo o fenômeno seria eliminado. Nesse meio tempo chegou-se à conclusão de que as atitudes e a psicologia fascistas não poderiam ser eliminadas simplesmente através da expropriação da indústria. Trata-se de uma questão que demanda gerações. Esse foi o ponto que tornou essas histórias novamente interessantes para mim. Isso foi em 1974. Também tem a ver com o fato de que no período da primeira reconstrução da República Democrática Alemã, e até mesmo antes, na zona de ocupação sovié-

* Entrevista por Bernard Umbrecht. Tradução de Ingrid Dormien Koudela.

tica, era possível tornar produtiva essa disciplina total da classe trabalhadora que ocorreu durante o fascismo, o armamento e a guerra.Torná-la produtiva para a reconstrução. Mas agora era necessário aquilo que havia sido destruído pela disciplina: iniciativa e – se se quiser – coragem civil. Eram necessárias as qualidades subjetivas das pessoas. As cenas descrevem situações de coerção, nas quais o fator subjetivo só aparece de forma negativa. E propunha uma questão a mim mesmo: até que ponto isto é correto e como ele resulta no quadro de conjunto. Uma vez interessado por este antifascismo moral que não leva a nada, empreendi uma polêmica contra ele. A inocência era um caso de sorte. Há pessoas que nunca se viram em situações como esta e estes são os inocentes. Por outro lado, não se pode exigir de ninguém numa situação como esta, caso não se queira incorrer em apelos de ordem moral, que se comporte de forma diferente dos personagens das cenas.

Pertence a essa tendência, que ainda hoje pode ser claramente identificada, o confronto com essa questão. Por exemplo, o livro de Christa Wolff[1].

Sim.

Mas você falou de colagem e disse que não é uma peça. O que eu queria perguntar é se a forma escolhida é dependente do tema tratado. Ou se é uma questão de princípio, um método, uma forma de escrever de Heiner Müller?

1. Autora premiada internacionalmente, é reconhecida como primeira-dama da literatura alemã contemporânea pelo desenvolvimento de um novo estilo experimental da escritura poética. Nascida em março de 1929, em Landsberg, sobre o Warthe, que se tornou território polonês após a Segunda Guerra Mundial, em 1945 foi transferida com a família para o Mecklenburg. Adere ao partido Socialista Unificado da Alemanha (RDA) em 1949. De 1953 a 1962 foi redatora de revistas literárias. Desde então vive como escritora independente. Em 1990 critica a excessiva rapidez da "reunificação alemã", vendo-a como forma de anexação da ex-RDA pela RFA, ao mesmo tempo em que alerta para as conseqüências econômicas e sociais.

Posição polêmica, face ao otimismo utópico que os alemães viveram durante aquele período, a reunificação gerou mudanças na vida de Christa Wolff e de muitos escritores da RDA. Perda de identidade nacional, acusações quanto às suas convicções políticas, questões que seus últimos trabalhos procuram lidar e esclarecer. Seus temas foram desde o início da carreira ligados ao ambientalismo, às possibilidades de guerra nuclear, aos excessos da ciência, ao passado nazista na Alemanha, ao feminismo e ao papel dos marginais. Hoje, vivendo em Berlim, ela continua ativa política e literariamente. Dentre sua extensa obra citamos: *O Céu Dividido* (1963), *Under den linden* (1974), *Kassandra – As Premissas e a Narrativa* (1983) e *Medéia – Uma Moderna Releitura* (1996). (N. da T.)

Eu não acredito que eu tenha um estilo. Também não acharia bom se houvesse algo como uma escritura de princípio. Acredito que cada material deve ser tratado de forma diferente e exige uma outra maneira de escritura. Se você comparar, por exemplo, uma peça como *Die Bauern* (Os Camponeses) com *A Batalha*, há enormes diferenças. Isto tem a ver com o fato de que a partir de um determinado ponto, em que as chances históricas foram perdidas, só pode haver situações de opressão, nas quais o fator subjetivo mal pode ser manifestado ou é massacrado. E isso leva a essa forma aforística de teatro, como *A Batalha*. Esse material necessita (ou pode precisar) de uma forma de representação como essa.

Confesso que não entendo muito bem: situação de opressão – fator subjetivo.

Quero dizer que as cenas iniciam-se num ponto no qual nasceu determinada situação. Não importa examinar como se chegou a ele. Existe uma situação de opressão e as pessoas têm de se comportar. Trata-se quase sempre de uma situação na qual uma determinada atitude, que nós percebemos como positiva, torna-se suicida. Mas não podemos exigir de um ser humano, uma sociedade não pode exigir de um ser humano, que cometa suicídio. Este seria o apelo moral e ele não leva a nada. Neste sentido, é uma polêmica contra a condenação moral do fascismo, que não leva a nada. Mas posso dar-lhe um exemplo, talvez isso nos ajude: por ocasião da apresentação em Gênova, houve um debate após a peça no qual falou um senhor de idade e ele disse: "Eu sou judeu, eu estive no campo de concentração". Eu acho que ele tinha estado em Buchenwald. Ver o espetáculo tinha sido aterrador porque tudo voltou à sua memória. Pela primeira vez tinha ficado claro para ele que por mero acaso estivera do outro lado. Não havia mérito em ser judeu. E não havia mérito, sequer moral, em ter sido prisioneiro. Poderia ter estado do outro lado. Este é um efeito que eu julgo certo ou desejável.

Não houve a crítica ou não existiu o perigo de que se dissesse que não é uma peça positiva?

Sim, sim, esta é a antiga briga entre Friedrich Wolf e Brecht. Você conhece isso? Sobre a *Mãe Coragem*. Wolf achava que *Mãe Coragem* deveria renegar a guerra no final. E dizer isso em cena, que a guerra é algo ruim. E Brecht dizia que não era tão importante que *Mãe Coragem* o reconhecesse no final. Mais importante, para ele, era que o espectador o reconhecesse. Nessas avaliações ou categorizações de peças, a partir de critérios como positivo/negativo, que partem do conteúdo, o fator de *Wirkung* (eficácia) é posto entre parênteses. Dessa forma, quem é posto entre parênteses é o público. Uma peça não nasce no palco, não acontece apenas no palco, mas entre o palco e a platéia.

Isso significa que a visão positiva está com o espectador?

Sim. E se não estiver aí, não é culpa minha.

Nesse sentido, podemos dizer que A Batalha *é uma peça didática?*

Não sei, não gosto de usar essa expressão porque é muito enganosa.

Ah, sim? Eu pensei que houvesse uma discussão...

Sem dúvida, apenas quis dizer que nunca usaria essa expressão.

Fala-se, por exemplo, eu o li em algum lugar, de Heiner Müller como crítico da teoria e da prática da peça didática de Brecht.

Tudo isso foi por demais simplificado; ou: está sendo formulado de maneira mais científica do que aquilo que eu disse. O certo é o seguinte: a teoria da peça didática de Brecht partiu do princípio de que haverá um tempo em que o teatro não será mais constituído pela separação entre público e atores, espectadores e atores. Isso significa a superação da divisão de trabalho. Esta é uma utopia comunista. E todo o resto são etapas, passagens. Está claro que julgo isto certo, mas, e isso não tem mais a ver com a teoria da peça didática, eu acho que deve haver uma relação contraditória, uma relação de conflito entre o palco e a platéia. Porque eu acho que é monótono quando lá embaixo existe apenas um público que concorda. E também não leva a nada quando lá embaixo está sentado um público que apenas discorda. A diferença talvez esteja no fato de que, para Brecht, ainda se tratava de *Aufklärung* (esclarecimento) no teatro. Eu acho que isto acabou, pois agora isso é assumido (ou deveria ser assumido) por outra mídia. E o teatro não pode mais assumir a função de *aufklären* (esclarecer). No teatro trata-se agora, ao menos para mim, de envolver as pessoas em processos, torná-las participantes. Da forma como acabo de descrevê-lo, através da peça *A Batalha*. Para que as pessoas se perguntem: "Como eu teria me comportado naquela situação?" E para que atinem com o fato de que também são fascistas em potencial, quando se afigura uma situação como essa. Isto eu julgo positivo, útil.

Você acha que essa tarefa do esclarecimento, tal como foi colocada por Brecht, não deva ser mais a mesma porque você vive numa sociedade socialista?

Sem dúvida, em primeiro lugar por isso.

Como deve ser, na sua opinião, o teatro numa sociedade socialista?

Há uma formulação, que não é minha, mas da qual eu gosto muito, de Wolfgang Heise, um filósofo da República Democrática Alemã. Ele usou a expressão: "Teatro como laboratório de fantasia social". Acho que isso é muito bom, se partirmos do pressuposto de que a sociedade capitalista, no fundo toda sociedade industrial moderna, inclusive a República Democrática Alemã, são Estados industriais que têm a tendência de reprimir a fantasia, instrumentalizá-la, em todo caso sufocá-la. E eu acredito, tão modesto quanto isto possa soar, que a principal função política da arte hoje é mobilizar a fantasia. Brecht formulava da seguinte forma: dar ao espectador, no teatro, a possibilidade de criar imagens opostas ou acontecimentos opostos. Quando um determinado acontecimento é mostrado ou quando o espectador ouve um diálogo, este deve acontecer de tal forma que o espectador possa imaginar um outro diálogo que teria sido possível ou desejável.

A mim me parece que a arte na República Democrática Alemã passa por um momento que tem sobretudo uma função de crítica social. Ou estou enganado?

O que você quer dizer com crítica social? Crítica contra...

Tenho a impressão de que a arte assume parte das tarefas que outros...

...*media* deveriam assumir. Isso tem seu lado positivo, sem dúvida. Mas tem também um lado muito negativo. Por um lado acho que está certo – Benjamin já o formulou – que uma arte socialista não possa prescindir de traços didáticos. Primeiro porque aqui não se pode partir do princípio de que aquilo que se escreve é indiferente para o receptor. Não pode ser indiferente para nós. Então deve ser feito de forma a que o maior número de pessoas possam tirar proveito. Isto não significa que se deva baixar o nível – é uma questão de técnicas de escritura, eu acho. Nesse sentido, não me oponho a que a arte assuma essas tarefas. Por outro lado, é negativo quando a arte ou a literatura assumem o trabalho da imprensa. Não é a mesma coisa escrever uma novela sobre um caso de injustiça social ou sobre algo que não correu bem. Pertence a uma esfera que não diz mais respeito às instituições e organizações sociais. Quando o caso concreto é tratado na imprensa, isto lhe dá peso. Esse é o problema. A literatura precisa cuidar para não se tornar mero veículo.

Eu queria entender melhor o que significa produzir fantasia... Você pode me explicar melhor?

Vou tentar. Em primeiro lugar, o lado negativo. Essa percepção me causou impacto pela primeira vez nos Estados Unidos. A escala de ofertas da população à sociedade é muito grande – imagine que alguém tenha a idéia de fundar um partido para eliminar as árvores frutíferas ou algo assim. Ele funda esse partido, pode fazê-lo, simplesmente. Ou um outro acha que os homossexuais não devem mais ser perseguidos e funda um partido. Isso ficou claro para mim nos Estados Unidos pela primeira vez. Esse tipo de tolerância serve realmente para canalizar impulsos ou torná-los inócuos. Pode-se fazer registro como associação e ser reconhecido. É possível fazer tudo isso. E nada mais acontece... O que quero dizer com o exemplo dos EUA: que os impulsos e iniciativas, e também a fantasia, são imediatamente transformados em mercado e com isso perdem a sua função social. E que isso também é uma técnica para canalizar energia revolucionária e cindi-la. Quando alguém tem uma idéia tipo: *make love not war*, isso se transforma num movimento, e quando alguém diz: "sim, mas apenas amor homossexual", isso se transforma num outro movimento. Ou lésbicas. Também é transformado em um novo movimento. Dessa forma, a energia revolucionária é tornada inócua através do *merchandising*, da etiquetagem e da cisão. É isso que eu entendo por assassinato da fantasia através da mercantilização, através da instrumentalização. E esse perigo existe em toda sociedade industrial.

Isso significa que também aqui aconteceu isto?

O potencial industrial até agora não é tão poderoso aqui a ponto de tornar o perigo tão grande. Mas existe naturalmente. E que também aqui as coisas sejam feitas a partir de instituições, por exemplo (o que foi um problema), a solidariedade e ação pelo Vietnã... Não havia possibilidade de fazer algo por iniciativa própria. Pagava-se o seu tributo. Chegou a ponto de ser descontada do salário a contribuição da solidariedade. Considero isso muito ruim. Quando se tira das pessoas a possibilidade de fazer algo como indivíduos, de dizer algo por uma causa como essa. Porque as instituições assumem esse papel. Isso torna as pessoas dependentes politicamente e sem vontade.

Ou seja, a fantasia existiria.

Sim, e acredito que é por isso que o teatro deve tratar de questões e levantar perguntas que não são colocadas e respondidas pela imprensa. Esse é o ponto a que você se referia anteriormente, assumir tarefas que pertencem à imprensa. Esse é o lado negativo. Se o teatro não colocar outras perguntas, não tem função social ou política.

E agora o lado positivo? Você iniciou com o negativo...

Tem a ver diretamente com o negativo. Existe uma série de perguntas que não são tratadas pela imprensa aqui. Por diversas razões, sobre as quais poderíamos discutir. E nesse caso o teatro tem de assumir as tarefas que caberiam à imprensa. Isso tem a ver com a tradição democrática fraca na Alemanha, de forma geral. Tornando isso necessário.

Acaba-se atribuindo à arte um papel grande demais, eu diria.

Sim.

E acaba-se fazendo com que as peças de teatro sejam um verdadeiro politicum. Não vejo isso na França. Por exemplo, aqui e agora – me disseram, ainda não assisti – o Schwitzbad é um verdadeiro politicum.

Também não assisti. Não acredito que seja, mas...

Certa vez você escreveu que a arte se legitima através da novidade. Isso significa que ela é parasitária ao ser descrita com as categorias de determinada estética. O que significa isso?

Existe uma anedota que talvez explique e que eu sempre volto a contar. Mas ainda não a contei a você, espero. Perguntaram a Ulanowa o que ela queria dizer com uma determinada dança. E ela disse: "Se eu pudesse dizer isso de outra forma, não teria trabalhado duramente durante quatro meses nessa dança". E acredito que isso seja um problema na compreensão da arte. Parte-se do pressuposto de que uma peça de teatro pode ser descrita adequadamente através da prosa ou que um poema pode ser descrito adequadamente através de uma análise. Se for assim, realmente é parasitário permitir que pessoas recebam dinheiro a partir de poemas. É o que penso... Acredito que a partir desse equívoco surgiram no passado muitas compreensões erradas sobre obras de arte. Existe um amplo campo de jogo... Ou seja, uma obra de arte tem efeito diferente em cada pessoa. E quando pretendemos criar um consenso falso, isso se dá às custas da arte.

Foi por isso que fiz há pouco a pergunta sobre a estética de Heiner Müller... Porque você afirmou no Theater der Zeit *que "nenhuma literatura é tão rica em fragmentos como a alemã". E mais: "A necessidade de ontem é a virtude de hoje: a fragmentação de um acontecimento acentua seu caráter processual, impede o desaparecimento da produção no produto, o mercadejamento, transforma a cópia em um campo de experimentação, a partir do qual o público pode co-produzir. Não acredito que uma história com começo e fim (a fábula no sentido clássico) ainda dê conta da realidade"*[2]. *Você poderia comentar isso?*

Bem, em primeiro lugar não é uma colocação nova. Brecht já escreveu, em 1932: "O petróleo se rebela contra os cinco atos". Ele estava preocupado com o papel do petróleo na economia mundial. E chegou à conclusão de que sobre esse assunto não era possível escrever peças de cinco atos. E isso se aplica para cada novo material sobre a realidade ou para toda nova visão, a visão materialista, inclusive sobre material antigo. Não cabe mais nos velhos cânones e não pode mais ser descrito como os velhos mitos ou algo assim.

O que mais me chamou a atenção foi a palavra fragmentação. *Parece ter um papel importante para você. Não contar uma história do começo até o fim, mas...*

O conceito nasceu de uma polêmica e por isso é uma hiperformulação. Inicialmente é uma polêmica contra uma convenção que existia e existe entre nós. Exigir que uma história tenha um desenlace canonizado. Ou seja, peças sobre a República Democrática Alemã... Ouvi outro dia de um espectador durante o intervalo.... Era uma peça sobre a República Democrática Alemã e ele estava bêbado: "Posso dizer agora já a vocês, vai terminar tudo bem, a classe vai vencer". A realidade é mostrada de forma que, no final, tudo está bem e o conflito todo é solucionado no palco, as perguntas são respondidas no palco, em lugar de confrontar a platéia com elas. O público é poupado do trabalho, ao se iludi-lo com o fato de que a coisa tem um início e final claros. E não

---

2. "Uma Carta", in *Theater Arbeit,* Berlim, 1975, p. 125. (N. da T.)

fica aberto para o efeito. É um lance artístico que não pode ser transformado em evangelho. Não se pode escrever apenas fragmentos. Isso não é possível. Mas é preciso reagir à histórias que encontram sua conclusão no palco.

Se me permite, gostaria de citá-lo a partir do jornal: "Um texto vive da contradição entre intenção e material". Acredito que aí esteja a resposta. Tenho ainda outras perguntas sobre isso... Em suas obras há relações especiais com Shakespeare e com a Antigüidade. Na peça A Batalha *há citações, acredito, da* Ilíada, *de Homero.*

Aquilo não é meu, está apenas no programa da peça. Foram os diretores que fizeram isso. Não tem nada a ver comigo... Não tenho nada contra, acho correto.

Você adaptou uma peça de Sófocles?

Isso aconteceu da seguinte forma. Besson[3] recebeu a proposta de encenar o *Édipo*. E não sabia muito bem o que fazer com a peça. Ele achava muito irracional, estava irritado e me perguntou o que fazer. Lembrei-me que havia uma tradução de Hölderlin, de forma que era possível escrever um bom texto com relativamente pouco trabalho. Aí eu simplesmente copiei o Hölderlin e o modifiquei às vezes. Na verdade, foi mais uma redação da tradução de Hölderlin. Embora eu tenha interferido. Essas intervenções foram muito pequenas, mas está claro que é possível introduzir pequenas modificações num bom texto.

Isso não significa que você procura algo especial nessa literatura?

Havia um ponto de vista, talvez muito geral. No momento não julgo que seja tão importante, mas na época, no final da década de cinqüenta, me parecia importante que houvesse certos paralelismos. Todos esses acontecimentos, esses conflitos tratados na dramaturgia grega antiga, têm a ver com a passagem para a sociedade de classes, com o surgimento da sociedade de classes. E agora trata-se, ao menos do ponto de vista programático, da superação da sociedade de classes. Aí pode nascer uma nova ótica, uma nova forma de ver essas histórias antigas. Esse foi o ponto de partida.

A questão Brecht, os festejos parecem estar em fase de preparação, não é? Faz tempo que quero fazer-lhe a pergunta: O que significa

---

3. Discípulo de Brecht, encenador e teórico de teatro. (N. da T.)

escrever teatro depois de Brecht? Quero dizer, é impossível passar ao largo de Brecht e acredito que a pergunta deva ser feita. O que Brecht pode significar hoje para a República Democrática Alemã? Ou seja, qual Brecht ou o que de Brecht é importante hoje?

Para mim não são importantes no momento as peças com parábolas de Brecht, elas não me interessam *O Círculo de Giz Caucasiano*, nem *A Alma Boa de Setzsuan*, nem tampouco *Puntila*. *Galileu* é um outro assunto, acho que é uma peça muito interessante porque é a mais pessoal. Mas para mim, no momento, são mais importantes aqui na República Democrática Alemã as peças didáticas e as primeiras peças, que são pouco encenadas. Pois as peças de parábolas baseiam-se numa visão de mundo simplificada, quando vistas a partir de uma perspectiva atual. Elas pressupõem uma divisão do mundo em dois, ou seja, pré-revolucionário e pós-revolucionário. E não é possível fazer teatro político aqui, no momento, a partir dessa divisão simplificadora. Mesmo que isso tenha sido muitas vezes tentado. Não se pode simplesmente mostrar em cena como o capitalismo é ruim e acreditar que as pessoas irão sossegadas para casa, achando ótimo o socialismo. Isso não leva a nada. Por outro lado, acredito que mesmo as peças tardias de Brecht contêm bastante material incendiário, quero dizer, incendiário também politicamente para nós aqui. Apenas acho que elas precisariam ser estripadas. É necessário que essas peças de Brecht sejam estripadas e retiradas de sua canonização. Ou seja, é preciso encená-las de uma forma totalmente diferente daquilo que Brecht fez, daquilo que Wekwerth fez... É preciso encontrar outras abordagens para que os textos possam operar novamente. Tal como é feito, os textos não operam mais, são meros textos de ópera e monumentos. Eles não operam.

O que lhe parece importante nas peças didáticas e nas primeiras peças de Brecht?

No caso da peça didática, vou dar um exemplo bem simples. Um dos textos de Brecht sobre a *Lehrstücktheorie* (teoria da peça didática) dizia ser necessário que funcionários façam de vez em quando o papel de funcionários e, nessa ocasião, queimem os documentos em cena. Dessa forma poderiam adquirir uma relação diferente para com seus documentos, caso isso seja repetido regularmente, como um jogo. Aí a função social torna-se imediatamente transparente... E as primeiras peças são interessantes porque, para elas, vale aquilo que Brecht disse sobre o *Sturm und Drang* (Tempestade e Ímpeto) ou sobre Shakespeare em relação ao classicismo alemão (sobre a obra tardia de Schiller e Goethe) –

que aí ainda existe material bruto. E que nem todo material recebeu uma forma ou foi elaborado formalmente. Isso vale, infelizmente, também para as peças tardias de Brecht. E acredito que há razões históricas, biográficas. Com a emigração ele foi separado das lutas de classe na Alemanha, semelhantemente ao que foi Weimar para Goethe. A sua Weimar foi Hollywood. Representou um isolamento relativo dos movimentos e lutas de classe reais. O que agora é difícil de ser estripado.

Tenho uma série de perguntas sobre a paisagem teatral na República Democrática Alemã. Surpreende-me que, ao menos em Berlim, são encenadas poucas peças contemporâneas, de autores contemporâneos... A que atribui isso?

Bem, em primeiro lugar existe uma grande discrepância entre as necessidades das pessoas de teatro, ou das pessoas que fazem teatro, e o público mais amplo. Acredito que o público tem interesses apolíticos hoje. Isso é o resultado do mau teatro e da má literatura teatral. E da política cultural. O público hoje está mais interessado em operetas e anedotas. Estou me referindo ao público mais amplo. Isso pode ser depreendido das estatísticas. As peças de maior sucesso aqui na República Democrática Alemã são e sempre foram operetas. E peças sobre contos de fadas para crianças.

Interrompendo, pode-se dizer também que algumas peças soviéticas – que na realidade são muito críticas – também têm sucesso de público?

Você quer dizer Gelman.

Eu quero dizer prêmios, sucessos de estima de uma sessão. O que mais tinha grande sucesso? Sim, Schwitzbad, *coisas assim.*

Sim, sem dúvida, peças como essas quase não existem aqui. E por outro lado sou, no que concerne a prêmios, um pouco cético. Esta é uma peça jornalística, um tipo de peça muito jornalística.

Também sou cético. É realmente aquilo que você descreveu há pouco sobre a solução em cena.

É isso. Questões sociais e históricas são tratadas como questões morais. O que eu considero errado por princípio. Entendo como isso acontece.

Eu também.

Dificilmente acontece com um autor daqui fazê-lo dessa forma. Quando se insiste nessas questões, chega-se a questões de ordem política e histórica. E aí se torna mais difícil levar as peças para a cena... Quando você pergunta por que há tão poucas peças contemporâneas... Ou por que tão poucas peças contemporâneas são encenadas... existem, sim, muitas peças. Houve, acho que por volta de 1954, ou não, acho que foi em 1952, não estou bem certo, houve um plano aqui para a retomada da tradição do teatro de *agitprop*[4]. Você conhece essa expressão? E a muitas pessoas foram perguntadas sobre suas opiniões a respeito. Também Brecht foi perguntado. E ele escreveu por volta de dez teses. Elas não foram publicadas. Eu penso em duas teses – a primeira era que o *agitprop* só faz sentido quando é possível mencionar nomes. Nomes e endereços de pessoas que têm culpa pela precariedade da situação e pelos falsos desenvolvimentos. Por erros que devem ser mostrados. Quando fica anônimo, não faz efeito. E segundo, só faz sentido quando podem ser tratadas aquelas questões que impedem grande parte da população de trabalhar conosco. E enquanto isso não for possível no teatro contemporâneo, o problema permanecerá.

Há ultimamente um grande número de escritores que foram embora. Acredito que por ser tão numeroso esse grupo não possa mais ser tratado como casos individuais. Parece-me que é um problema político.

Sim...

A resposta – pode-se dizer, como Kurt Hager respondeu – é que o imperialismo é o culpado, porque procura colocar um machado entre os intelectuais e a classe dos trabalhadores. Com o objetivo de desviá-los.

Com certeza isso é assim. Quero dizer, este é o primeiro aspecto: que os *media* alemães ocidentais tenham procurado continuamente, e

---

4. O objetivo imediato do *agitprop* era ser uma arte de apresentação pública, que devia convencer no exato momento da apresentação. Existem alguns pontos de correspondência entre *agitprop* e peça didática, embora constituam propostas diferentes. A situação de apresentação obrigava a uma rápida troca de papéis (o que impedia a identificação) e levava a uma economia de adereços e cenários. É freqüente a utilização de corais cantados e falados e a introdução de partes improvisadas. (N. da T.)

ainda procurem, ter influência nessa direção. E por outro lado, são levados por demais a sério aqui. Esse é o segundo aspecto.

Por demais a sério?

Sim. Os *media* alemães ocidentais, a imprensa etc. Assim que um autor aqui tem dificuldades, passa a ser um gênio do outro lado. Isso sempre é assim. Isto foi assim nos últimos vinte anos e é assim hoje como antes.

Mas também é um problema aqui. Quero dizer, é um pouco simplificado.

Está claro. Quero dizer, é um dos lados. Naturalmente há muitos outros lados.

E o que você diria sobre isso?

A política cultural é entendida de uma forma muito estreita no Ocidente, quero dizer, política cultural no nosso sentido aqui. O fundamento é aquilo que denominamos como quebra do privilégio de acesso à cultura. Preciso explicar melhor? Esse é o fundamento. O pressuposto para uma elevação do nível cultural é sua expansão. E esse só pode ocorrer neste período de transição às custas da ponta.

Do quê?

Da ponta, se não tomarmos cuidado. Quando o nível é ampliado, torna-se difícil, de início, produzir realizações de ponta.

Ah, sim, naturalmente.

Quero dizer, isto é uma lei muito simples. O essencial e também o grande sucesso desta política cultural expandida é que aqui existe um público amplo para tudo. Também para a literatura. Um outro ponto é que os escritores são privilegiados, frente a grandes parcelas da população. E esses privilégios levam também ao isolamento. Ao isolamento das perguntas reais. Quando as pessoas não têm mais problemas materiais, e quase nenhum escritor os tem aqui (pode-se perfeitamente sobreviver, mesmo que se tenha escrito apenas um livro, há muitos exemplos), esse isolamento leva-as a considerarem-se por demais importantes. E por outro lado, aqueles funcionários que foram e são responsáveis por questões artísticas são muitas vezes mal formados. Não sabem nada. A falta de qualificação dos funcionários levou muitos artistas ao isolamento. Pois um diálogo verdadeiro só é possível entre pessoas que têm o mesmo nível cultural. Esses funcionários não puderam adquiri-lo a curto prazo. Tinham muitos outros afazeres. O resultado de tudo isso é que foram tomadas decisões muito estreitas, decisões muito bobas sobre obras de arte. Acredito que essa foi a principal razão para essa onda de partidas. Além disso, é preciso diferenciar, há diversos tipos de pessoas. Biermann é um caso diferente de Kunze. A partir de um certo momento, Kunze chegou a uma posição que não tem mais nada a ver com a República Democrática Alemã. Por exemplo, um livro como *Wunderbare Jahre* (*Anos Dourados*) descreve uma situação que você também pode encontrar na Bélgica. Ou na Alemanha Ocidental ou em qualquer província. Por exemplo, aquele comportamento de policiais contra jovens. Isso pode ser encontrado em qualquer lugar. Nunca teria alcançado tal sensacionalismo se não tivesse sido situado na República Democrática Alemã. A avaliação de Kunze não tem relação com o seu talento. É o que eu acho. Ele foi estilizado no Ocidente como um caso tremendamente político.

Não sou da mesma opinião. Acho que Kunze pode ser considerado dessa forma, mas não sei se essa é a melhor forma de abordar o problema. Tenho a impressão de que Kunze e Biermann são o mesmo problema.

Não acredito nisso.

Estou me referindo ao problema que... Quero dizer, se não tivessem colocado dificuldades para Kunze... ele não teria desaparecido como autor.

Sim.

O problema que eu vejo é a confrontação ideológica.

Sim, sim. Este é e sempre será um problema. Claro. Mas existem pontos – Biermann tem a meu ver uma posição romântica. Não se deve criticar Ulbricht a partir de um Thälmann idealizado. Ou criticar a posição de Ulbricht a partir de uma posição sobre Thälmann fictícia. Quando desejamos atuar politicamente, como autor, é preciso saber que a política se faz com compromissos. Isso não significa que se deva estabelecer compromissos através de nossos textos. Mas é preciso saber que a literatura não pode existir separadamente da política, em uma sociedade como essa. E, além disso, é preciso saber, no que concerne à publicação e à venda, que isso aqui é político. Talvez nem tanto a escritura em si. Mas o trato com aquilo que é escrito é político. Muito mais do que, por exemplo, na Alemanha Ocidental. É preciso saber que política significa, entre outras coisas, que estamos lidando com as categorias do possível. Não se pode insistir no impossível. Ele não leva a uma expansão do reino do possível.

1977

Peças

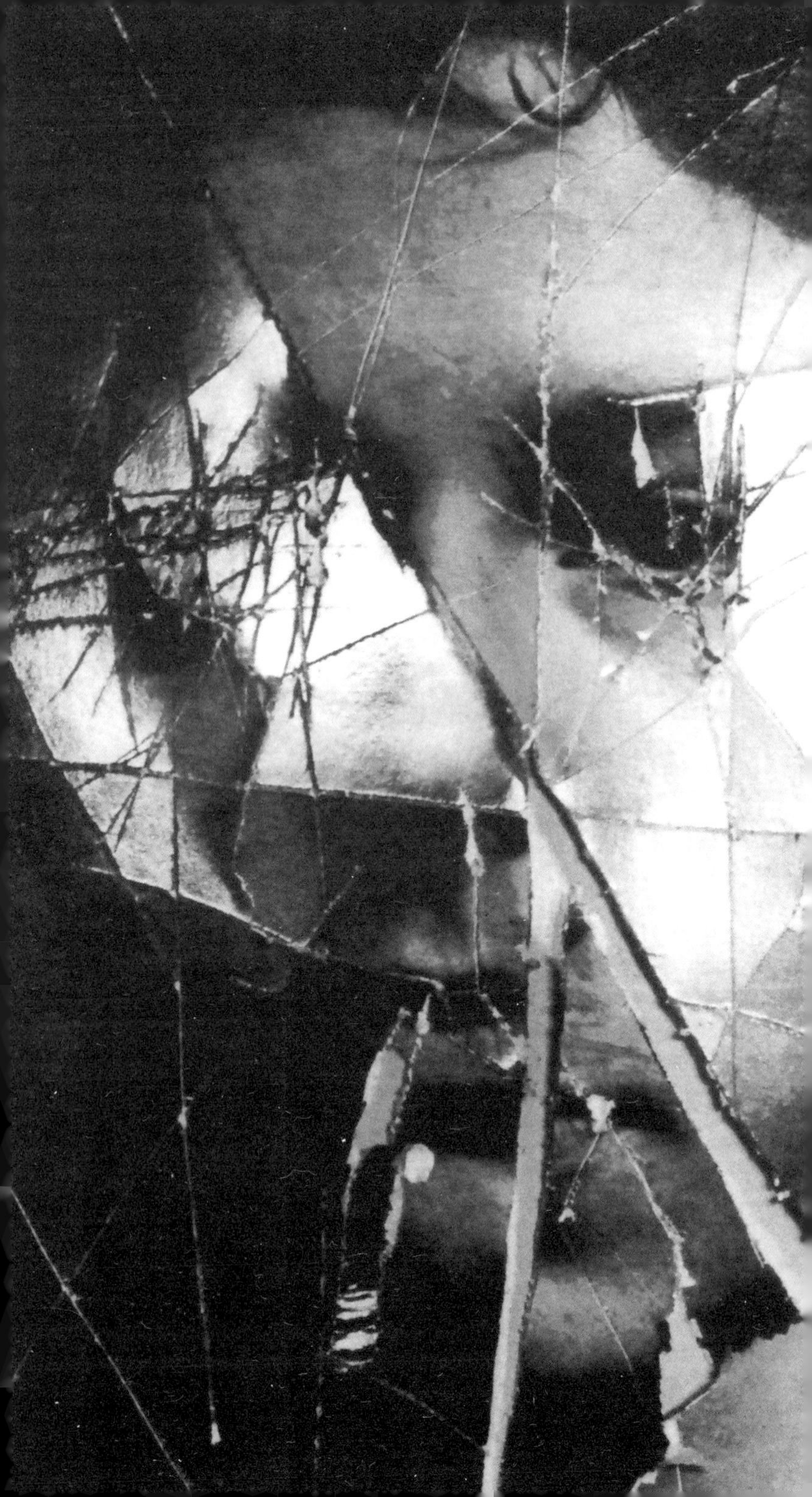

O Horácio

Tradução de Ingrid Dormien Koudela

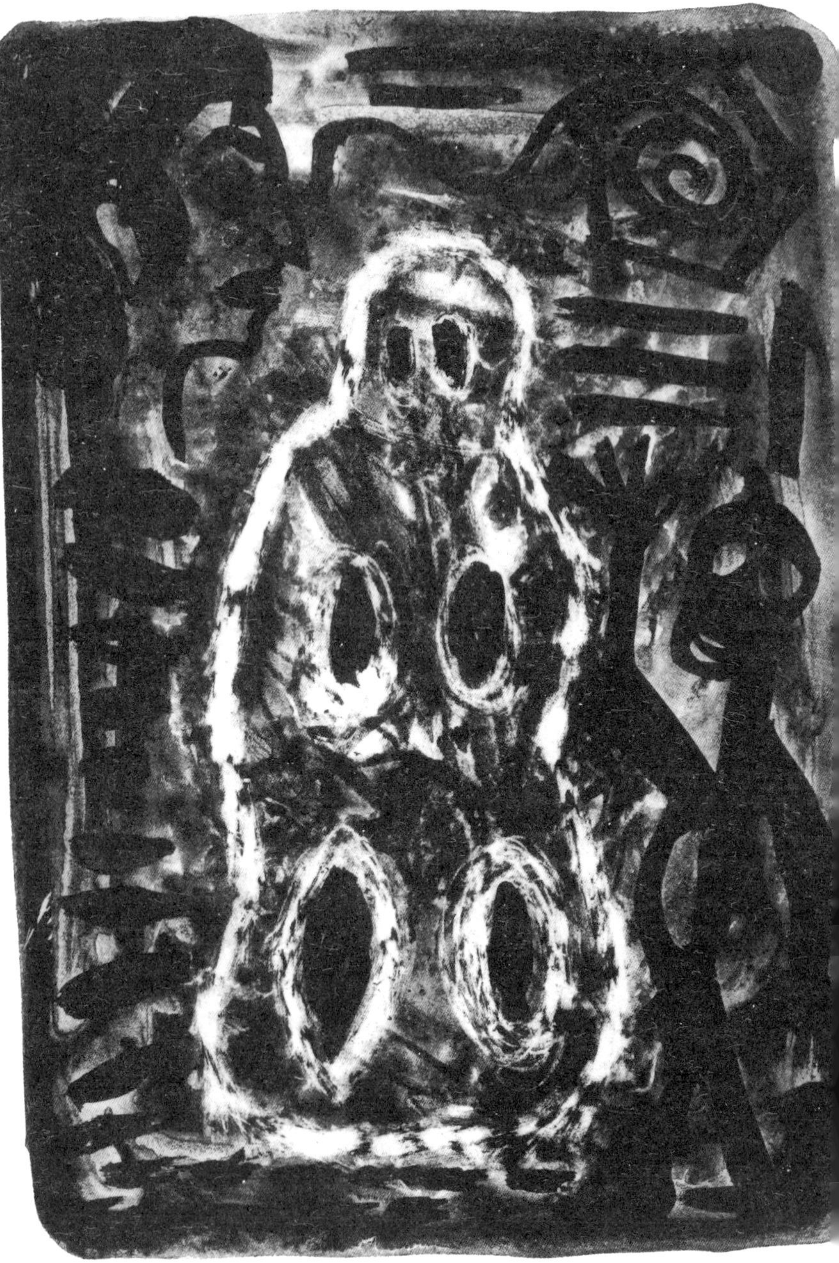

Entre a cidade de Roma e a cidade de Alba
Havia luta pelo poder. Contra estes que brigavam
Estavam armados os etruscos, poderosos.
Para solucionar a briga, antes do ataque esperado
Colocaram-se um contra o outro, em ordem de combate
Ambos os ameaçados. Os chefes de exército
Colocaram-se cada um diante do seu exército e disseram
Um para o outro: Como a batalha enfraquece
Vencedores e vencidos, vamos tirar a sorte.
Que apenas um homem lute por nossa cidade,
Contra um homem por Vossa cidade,
Poupando os outros para o inimigo comum.
E os exércitos bateram as espadas contra os escudos
Em sinal de aprovação. E a sorte foi tirada.
A sorte determinou que lutaria
Por Roma um Horácio, por Alba um Curiácio.
Depois o Horácio e o Curiácio foram indagados
Cada qual diante do seu exército
Ele é/Você é noivo/da sua irmã/irmã dele?
A sorte deve ser
Tirada mais uma vez?
E o Horácio e o Curiácio disseram: Não.
E eles lutaram, entre as fileiras de combate.

E o Horácio feriu o Curiácio
E o Curiácio disse com a voz desvanecendo
Poupe o vencido. Eu sou
Noivo de sua irmã.
E o Horácio gritou:
Minha noiva é Roma.
E o Horácio enfiou a sua espada
No pescoço do Curiácio, sendo que o sangue caiu sobre a terra.
Quando o Horácio voltou para Roma
Sobre os escudos da tropa, sem feridas,
Jogada sobre o ombro a vestimenta de batalha
Do Curiácio, a quem havia matado,
No cinto a espada da vítima, nas mãos a sua própria, cheia de
Sangue veio ao seu encontro, na porta oeste da cidade
Com passo rápido, a sua irmã, e atrás dela
Seu velho pai, lentamente
E o vencedor saltou dos escudos, em meio ao júbilo do povo,
Para receber o abraço da irmã
Mas a irmã reconheceu a vestimenta de combate cheia de sangue,
Obra de suas próprias mãos, e gritou, e arrancou os cabelos.
E o Horácio ralhou com a irmã, que chorava a morte.
Por que você grita, e arranca seus cabelos.
Roma venceu. Diante de ti está o vencedor.
E a irmã beijou a vestimenta de combate, cheia de sangue, e gritou:
Roma.
Me devolve o que havia dentro dessa vestimenta.
E o Horácio, que ainda tinha no braço o impulso
Com que havia matado o Curiácio,
Pelo qual sua irmã chorava agora,
Enfiou a espada, sobre a qual o sangue daquele que lastimava
Ainda não havia secado,
No peito da chorosa,
Sendo que o sangue caiu sobre a terra. Ele disse:
Vá para ele, a quem você ama mais do que a Roma.
Isto a toda romana que lastimar o inimigo.
E ele mostrou a espada, duas vezes cheia de sangue, a todos os romanos.
E o júbilo silenciou. Só das fileiras mais distantes
Da multidão que observava ainda se ouviam
Vivas. Ali ainda não haviam percebido
O terrível. Quando em meio ao silêncio do povo
O pai chegou perto de seus filhos,

Tinha apenas um filho. Ele disse:
Você matou a sua irmã.
E o Horácio não escondeu a espada, duas vezes cheia de sangue
E o pai do Horácio
Olhou para a espada, duas vezes cheia de sangue e disse:
Você venceu. Roma
Reina sobre Alba.
Ele chorou pela filha, com o rosto encoberto
Estendeu sobre sua ferida a vestimenta de combate
Obra de suas mãos, sangrando pela mesma espada
E abraçou o vencedor.
Juntaram-se então aos horácios os lictores
Separaram com chicote e machado o abraço.
Tiraram a espada da vítima do cinto
Do vencedor, e das mãos do assassino a
Sua própria espada, duas vezes cheia de sangue.
E um dos romanos gritou:
Ele venceu. Roma reina sobre Alba.
E um outro romano respondeu:
Ele matou a sua irmã.
E os romanos gritaram uns contra os outros:
Honrem o vencedor
Executem o assassino
E romanos empunharam a espada contra romanos na luta
Se como vencedor deveria ser honrado
Ou julgado como assassino o Horácio.
Os lictores
Separaram os que brigavam com chicote e machado.
E convocaram o povo para uma assembléia.
E o povo elegeu dois dos seus
Para fazer justiça sobre o Horácio.
E colocou na mão de um deles
O louro, para o vencedor,
E na do outro o machado de execução, destinado ao assassino.
E o Horácio estava
Entre o louro e o machado.
Mas seu pai colocou-se ao seu lado,
O primeiro prejudicado e disse:
Espetáculo vergonhoso
Que nem mesmo o albano veria sem pudor.
Diante da cidade estão os etruscos

E Roma desperdiça sua melhor espada.
Por uma apenas se preocupem
Preocupem-se com Roma.
E um dos romanos lhe respondeu
Roma tem muitas espadas
Nenhum romano
É menos do que Roma, ou Roma não existe
E um outro romano disse
E apontou com os dedos em direção ao inimigo
Duas vezes poderoso
É o etrusco, se Roma estiver dividida
Por opiniões contrárias
No julgamento fora de hora
E o primeiro fundamentou assim a sua opinião
Conversas não conversadas
Pesam sobre o braço que empunha a espada
Discordância encoberta
Torna as fileiras de combate inseguras
E os lictores separaram pela segunda vez
O abraço dos Horácios, e os romanos se armaram
Cada qual com sua espada.
Aquele que carregava o louro e aquele que carregava o machado
Cada qual com a sua espada, de forma que
O da esquerda agora segurava o louro ou o machado
E a espada o da direita. Os próprios lictores
Largaram por um instante
As insígnias de seu posto e enfiaram
No cinto cada qual a sua espada e pegaram
Novamente na mão o chicote e o machado
E o Horácio se inclinou
Para pegar a sua espada, cheia de sangue, que estava na poeira
Mas os lictores
Impediram-no com o chicote e o machado
E o pai do Horácio também pegou sua espada
E ia erguer com a esquerda aquela cheia de sangue
Do vencedor, que era um assassino
E os lictores também o impediram
E os vigias foram reforçados nos quatro portões da cidade
E prosseguiu o julgamento
À espera do inimigo
E aquele que carregava o louro disse

Seu mérito apaga sua culpa
E aquele que carregava o machado disse
Sua culpa apaga seu mérito
E aquele que carregava o louro perguntou
O vencedor deve ser executado?
E aquele que carregava o machado perguntou
O assassino deve ser honrado?
E aquele que carregava o louro disse
Se o assassino for executado
Será executado o vencedor
E aquele que carregava o machado disse
Se o vencedor for honrado
Será honrado o assassino
E o povo olhou para o autor único e indivisível
De atos tão diversos e silenciou
E aquele que carregava o louro e aquele que carregava
O machado perguntaram
Se um não pode ser feito sem o outro, que o torna desfeito
Porque o vencedor/assassino e o assassino/vencedor
São um homem, indivisível
Então entre ambos nada devemos fazer
Para que haja uma vitória/assassinato
Mas nenhum vencedor/assassino
E que o vencedor/assassino seja chamado ninguém?
E o povo respondeu a uma só voz
(mas o pai do Horácio silenciou)
Ali está o vencedor. Seu nome, Horácio.
Ali está o assassino. Seu nome, Horácio.
Há muitos homens em um só homem
Um deles venceu por Roma no duelo
Um outro matou a sua irmã
Sem necessidade. A cada um o seu
Ao vencedor o louro. Ao assassino o machado
E o Horácio foi coroado com o louro
E aquele que carregava o louro ergueu a sua espada
Com o braço estendido e honrou o vencedor
E os lictores largaram das mãos
O chicote e o machado e levantaram a espada
Aquela duas vezes cheia de sangue com sangues diferentes
Que estava na poeira e a entregaram ao vencedor
E o Horácio, com a testa coroada

Ergueu a sua espada para que ela fosse visível para todos
Aquela duas vezes cheia de sangue com sangues diferentes
E aquele que carregava o machado largou das mãos o machado
E todos os romanos
Ergueram suas espadas por um tempo de três batidas do coração
Com o braço estendido e honraram o vencedor
E os lictores enfiaram novamente suas espadas
No cinto, tiraram a espada
Do vencedor das mãos do assassino e a jogaram
Na poeira. E aquele que carregava o machado arrancou
Da testa do assassino o louro
Com o qual o vencedor havia sido coroado e o
Devolveu à mão daquele que carregava o louro
E jogou sobre a cabeça do Horácio o pano na cor da noite
Dentro da qual fora condenado a entrar
Porque havia matado um homem
Sem necessidade, e os romanos todos
Enfiaram cada um sua espada na bainha
De forma que os fios estavam todos cobertos
Para que não participassem as armas
Com as quais o vencedor havia sido honrado
Da execução do assassino. Mas os vigias
À espera do inimigo nos quatro portões da cidade
Não cobriram suas espadas
E os fios dos machados ficaram descobertos
E a espada do vencedor, na poeira, cheia de sangue
E o pai do Horácio disse
Esse é o meu último. Matem a mim por ele.
E o povo respondeu a uma só voz
Nenhum homem é outro homem
E o Horácio foi executado com o machado
Que o sangue caiu sobre a terra
E aquele que carregava o louro na mão
Novamente o louro do vencedor, amarrotado agora
Porque havia sido arrancado da testa do assassino
Perguntou ao povo
O que deverá acontecer com o cadáver do vencedor?
E o povo respondeu a uma só voz
O cadáver do vencedor deve receber seu féretro
Sobre os escudos das tropas, salvo por sua espada
E eles reuniram

Aquilo que já não podia ser conciliado
A cabeça do assassino e o corpo do assassino
Separados um do outro pelo machado do julgamento
Sangrando ambos, como cadáver do vencedor
Sobre os escudos do exército, salvo por sua espada
Não vendo seu sangue em suas mãos, e colocaram
Em sua testa o louro amarrotado
E colocaram na mão, os dedos crispados
Da convulsão última sua espada cheia de sangue e poeira
E cruzaram sobre ele as espadas nuas
Indicando que nada deveria ferir o cadáver
Do Horácio que havia vencido por Roma
Nem a chuva, nem o tempo, nem a neve, nem o esquecimento
E ficaram de luto com o rosto encoberto
Mas os vigias nos quatro portões da cidade
À espera do inimigo
Não cobriram seus rostos
E aquele que carregava o machado, novamente o machado de execução
Nas mãos
Sobre as quais o sangue do vencedor ainda não havia secado
Perguntou ao povo
O que deve acontecer com o cadáver do assassino?
E o povo respondeu a uma só voz
(Mas o último Horácio silenciou)
O cadáver do assassino
Deve ser jogado diante dos cães
Para que o rasguem
Para que nada dele permaneça
Ele que matou um homem
Sem necessidade
E o último Horácio, no semblante
Duas vezes a marca da lágrima, disse
O vencedor está morto, aquele que não pode ser esquecido

Enquanto Roma reinar sobre Alba
Não será possível esquecer a sua Roma e o exemplo
Que ele deu ou não deu
Pesando com a balança do comerciante um contra o outro
Ou diferenciando com cuidado culpa e mérito
Do autor único e indivisível de atos tão diversos
Temendo a verdade impura ou não a temendo

E exemplo pela metade não é exemplo
Aquilo que não é feito inteiro até o fim verdadeiro
Volta para o Nada nas rédeas do tempo em passo de caranguejo
E tiraram o louro do vencedor
E um dos romanos se inclinou
Diante do cadáver e disse
Permite que quebremos de sua mão, vencedor,
Que nada mais sente
A espada que está sendo requisitada
E um outro romano cuspiu no cadáver e disse
Assassino, devolve a espada
E quebraram a espada de sua mão
Pois a mão enrijecida pela morte
Havia se fechado em volta da maça do punho da espada
De forma que foi preciso quebrar os dedos
Do Horácio para que entregasse a espada
Com a qual havia matado por Roma e uma vez
Não por Roma, uma vez cheia de sangue em demasia
Para que pudesse ser melhor usada por outros
O que ele havia bem usado exceto uma vez
E o cadáver do assassino, dividido pelo machado de execução
Foi jogado diante dos cães para que eles
O estraçalhassem para que nada dele sobrasse
Aquele que havia matado um homem
Sem necessidade ou por quase nada
E um dos romanos perguntou para os outros
Como deve ser chamado o Horácio pela posteridade?
E o povo respondeu a uma só voz
Ele deve ser chamado o vencedor sobre Alba
Ele deve ser chamado o assassino de sua irmã
No mesmo fôlego seu mérito e sua culpa
E quem mencionar sua culpa e não mencionar seu mérito
Este deve morar com os cães como um cão
E quem mencionar seu mérito e não mencionar sua culpa
Este também deve morar com os cães
Mas quem mencionar sua culpa em um momento
E mencionar seu mérito em outro momento
Falando da mesma boca em momentos diferentes de forma diferente
A este deve ser arrancada a língua
Pois as palavras devem permanecer puras.
Uma espada pode ser quebrada e um homem

Também pode ser quebrado, mas as palavras
Caem na agitação do mundo, irrecuperáveis
Tornando as coisas reconhecíveis ou irreconhecíveis
Mortal para o homem é aquilo que é irreconhecível
Assim estabeleceram, sem temer a verdade impura
À espera do inimigo, um exemplo provisório
De diferenciação pura, não ocultando o resto
O que não podia ser solucionado na transformação irremediável
E voltaram cada um novamente ao seu trabalho
À mão, ao lado do arado, martelo, sovela
Estilete, a espada.

NOTA:
O jogo segue a descrição. (TODOS OS JOGADORES: "Entre a cidade de Roma... ambos os ameaçados". APRESENTAÇÃO. OS CHEFES DE EXÉRCITO: "... Os chefes de exército/Postaram-se cada um diante de seu exército e disseram/ Um para o outro: Como a batalha enfraquece...") Todos os adereços (máscaras dos albanos e dos romanos, máscara da irmã, máscaras de cachorros) armas etc. devem estar visíveis durante todo o jogo. Não há saídas de cena. Quem disse o seu texto e jogou seu jogo, volta para a posição inicial, ou seja, troca de papel. (Os albanos, depois da luta, fazem o papel do povo romano, que recebe o vencedor. Dois soldados romanos, depois do assassinato, tornam-se lictores etc.)

Após cada morte, um dos jogadores deixa cair um lenço vermelho no proscênio. O jogador que faz o papel de Horácio pode ser substituído por um boneco, após o seu assassinato. O boneco deveria ter dimensões imensas. O texto: "... pois a mão enrijecida pela morte..." deve ser enunciado pelo jogador que faz o Horácio.

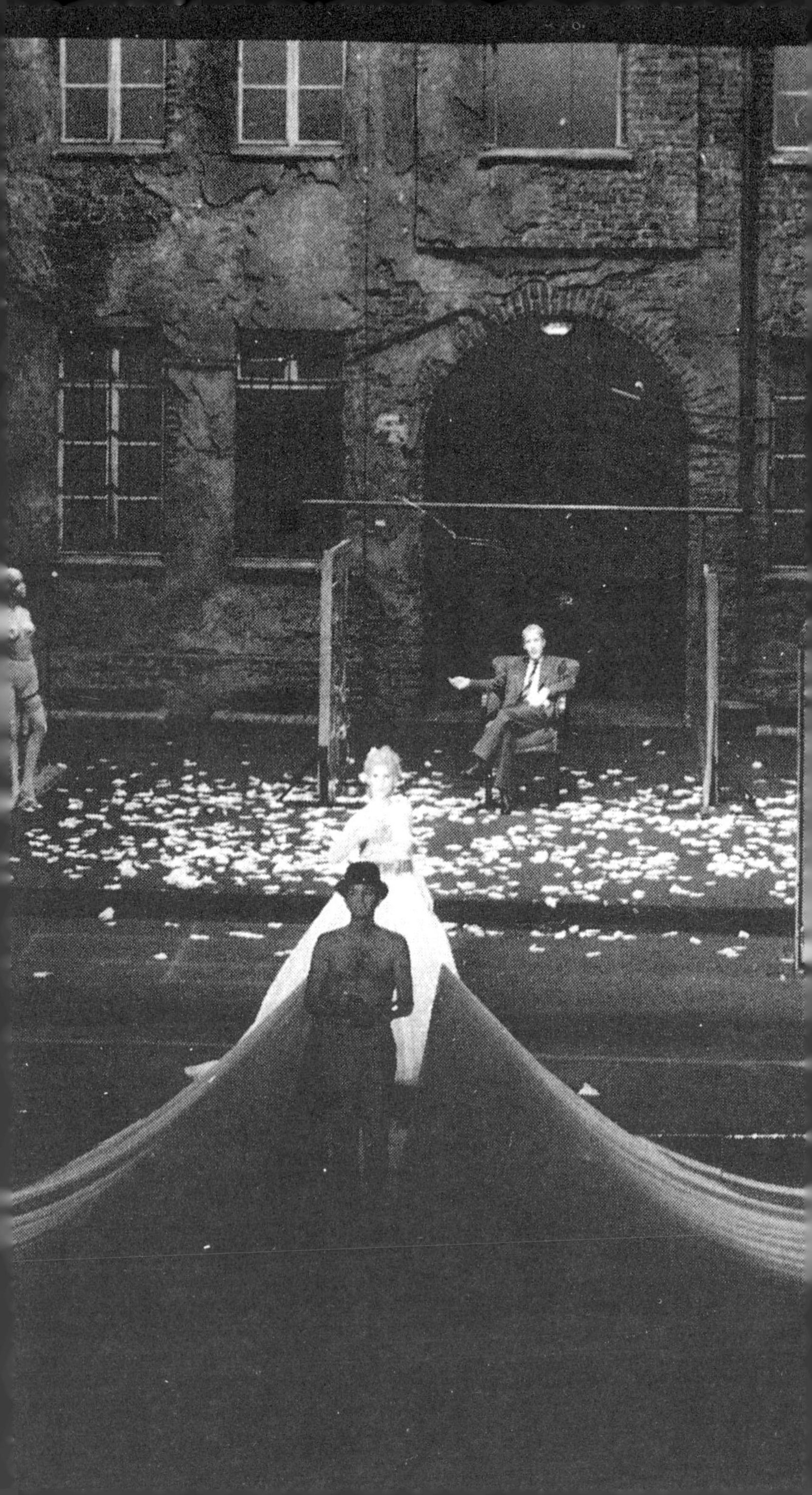

MACBETH*
(a partir de Shakespeare)

Tradução de Alexandre Krug

* A tradução faz uso de maiúsculas para os títulos honoríficos e formas de tratamento da nobreza: *Rei*, *Lorde*, *Sir*, *Senhor* etc., bem como para os pronomes pessoais de tratamento formal referentes a essa mesma nobreza: *Vós*, *Vosso* etc. Este recurso visual, comum na língua alemã, visa reforçar, dentro da obra, o referido quadro de separação e conflito entre as classes. Tal reforço mostra-se tanto mais importante quando consideramos o caráter extremamente sintético da linguagem de Müller, cujo traço mais visível é a escassez de pontuação, sobretudo de sinais de interrogação – o que acompanhamos nesta tradução. (N. do T.)

Personagens

Macbeth
Duncan
Malcom
Donalbain
Banquo
Fleance
Macduff
Lenox
Rosse
Angus
Um Lorde
Seyton
Médico
Porteiro.
Lady Macbeth
Lady Macduff
Dama de honra
Três bruxas.
Lordes
Ladies
assassinos
servos
soldados
camponeses etc.

Cena 1
Duncan, Malcom, soldados.

Duncan – Quem vem lá coberto de sangue? Em tais roupas se escondem notícias.
Sobre o estado da insurreição.
Malcom – Este já me salvou uma vez das mãos do
Inimigo. Amigo, conta a teu Rei como está a batalha.
Soldado – Está no ápice.
O cão Macdonwald, que armou toda a dança
Reuniu a escória da Escócia, como um corpo putrefato
Junta as varejeiras, e a sorte era sua meretriz
Até que Macbeth lhe deu de provar sua espada
Fumegante de apetite por carne. Nosso homem
Desprezando a sorte com a ferramenta sangrenta
Caminhou sobre cadáveres, até ter o insurreto
Diante do ferro e rasgá-lo assim, do umbigo ao queixo
Como se fosse um cumprimento, e então
Plantou sua cabeça na ponta de nosso estandarte.
Duncan – Bom Macbeth.
Soldado – Esse foi o princípio. Mal a justiça
Tinha com ferro e sangue escorraçado

Os plebeus escoceses, cai de novo
Sobre nós com tropas frescas, as armas nuas
o Rei da Noruega, ávido por vantagens.
Duncan – Acaso isso diminuiu a coragem de nossos generais
Macbeth e Banquo?
Soldado – Como o pardal diminui a da águia.
Se me perguntais: eles partiram em disparada,
Como dois canhões duplamente carregados
E a quatro mãos despacham um inimigo após outro
Como se quisessem banhar-se nos buracos das feridas
E brincar de Gólgota com as ossadas
Ou sei lá eu o quê. Escutai agora os meus buracos
Gritando por ajuda.
Duncan – Eles falam de honra assim como
Tuas palavras. Trazei-lhe médicos. Quem vem lá.
Malcom – O Barão de Rosse
Lenox – Ele tem um olhar apressado
E parece repleto de novidade.

Rosse.

Rosse – Deus proteja o Rei.
Duncan – De onde vens, Barão.
Rosse – De tua batalha, ó grande Rei
Onde as bandeiras da Noruega são nosso céu
Abanando e refrescando nossa gente. A própria
Noruega, com terrível multidão, assistida por Cawdor
O traidor renegado, iniciou o baile sangrento.
E Macbeth foi, espada contra espada, braço contra braço
Até curvar-lhe o pescoço sobre nosso chão escocês.
Em suma: para nós pendeu a vitória.
Duncan – É o que chamo de sorte.
Rosse – De modo que
Agora o Rei da Noruega choraminga por paz.
E nós lhe negamos a seus mortos o buraco
Derradeiro no campo de sangue, até que
Dez mil moedas ele ponha em nossa mão.
Duncan – Esse Barão de Cawdor não deve roer-nos
O coração por mais tempo. Vai anunciar-lhe sua morte
E entrega seu título a Macbeth, com minhas saudações.
Rosse – Parto, para que tudo se cumpra sem demora.

Duncan – Ganhe o herói o que perde o cão.

Cena 2
Bruxa 1, Bruxa 2, Bruxa 3, Macbeth e Banquo.

Bruxa 1 – Escutai os tambores entre a noite e o dia.
Bruxa 2 – Eis que a batalha está ganha e perdida.
Bruxa 3 – Irmã, que sangue é esse em teu roupão.
Bruxa 1 – No campo de batalha fiz minha refeição.
Bruxa 2 – Irmã, que trazes aí debaixo da saia.
Bruxa 3 – Polegar de um piloto. Joguei seu navio na praia.
Bruxa 1 – Que boneco é esse, irmã, que tens a brincar.
Bruxa 2 – É meu Rei, meu queridinho.
Bruxa 3 – Vem, meu velho, nós vamos te esquentar.

Queimam o boneco: o Rei Duncan. Macbeth e Banquo.

Macbeth – Nunca vi dia tão belo e tão feio.
Banquo – Quão longe estamos de Forres. Quem são elas.
    Tão cinzentas e encurvadas em seus trajes bravios
    E diferentes de tudo que habita sobre o chão
    E no entanto estão sobre ele. Despertai. Acaso sois algo
    A que um homem possa dirigir pergunta. Ei, elas me entendem
    Colocam os dedos gretados sobre as bocas tinhosas
    Cada uma delas. Mulheres. As barbas dizem outra coisa.
    Que figura é essa no fogo. Parece o Rei.
    Que estais fazendo com a figura de Majestade.
Macbeth – Quem sois vós. Se possuís linguagem, falai.
Bruxa 1 – Salve Macbeth, Barão de Glamis.
Bruxa 2 – E de Cawdor.
Bruxa 3 – Salve Macbeth, Rei da Escócia.
Banquo – Por que
    Camarada, o que soa tão esplêndido te aterra.
    Em nome da verdade: sois o que pareceis
    Ou pura loucura. Meu honrado parceiro
    Vós saudais com tal fresco esplendor e grande perspectiva
    De alta posição e régia esperança
    Que ele nem se conhece mais. A mim nada dizeis.
    Se tendes visão dentro da semente do tempo
    Sabeis qual grão brotará e qual não

Falai comigo, que não busca nem teme
Favor nem ódio de vossa parte.
BRUXA 1 – Salve Banquo, menor que Macbeth e maior.
BRUXA 2 – Menos feliz mais feliz que o anterior.
BRUXA 3 – Reis tu engendras e nem és um real Senhor.
TODAS AS BRUXAS – Salve Macbeth e Banquo. Banquo e Macbeth.
MACBETH – Faladoras de meias-palavras. Ficai aqui e dizei-me mais
Por meu pai sou Barão de Glamis
Porém como de Cawdor. O Barão de Cawdor vive
Em plena saúde. E que eu seja Rei
Não é mais crível do que Cawdor. Dizei, como
Chegais ao estranho conhecimento, e por que
Nessa ventosa charneca nos deteis
Com profética saudação. Falai, eu vos imploro.

Bruxas desaparecem.

BANQUO – A terra lança bolhas como a água e
Coisa assim eram estas. Elas se foram. Para onde.
MACBETH – Como hálito, ao vento. Queria que ficassem.
BANQUO – Isso que agora conversamos, será verdade. Ou
Teremos comido da raiz doentia
Que faz prisioneira nossa razão.
MACBETH – Vossos filhos deverão ser reis.
BANQUO – Vós Rei.
MACBETH – E Barão de Cawdor. Não era isso.
BANQUO – Essa mesma
Era sua melodia e conversa. Quem vem lá.

Rosse e Angus.

ROSSE – Macbeth. Teu Rei recebeu feliz
A notícia de tua vitória e, considerando tua parte
Hesitava quanto ao que pertencia a ti, e o que a ele.
Esclarecendo-se a respeito, ele viu a ti
Nesse mesmo dia em meio às fileiras de guerra da Noruega
Sem nenhum temor diante de teu próprio trabalho:
Imagens da morte. Como densa saraivada aparece-lhe
Mensageiro após mensageiro, repletos com tua fama
Na defesa de Sua Majestade
E a vomitam diante dele.

Angus – Fomos enviados
Por nosso Rei para dar-te o agradecimento
Escoltar-te até sua presença
Recompensar-te não.
Rosse – E como um adiantamento de uma honra ainda maior
Recebei a ordenada saudação como Barão de Cawdor.
Parabéns pela conquista.
Banquo – O demônio fala a verdade.
Macbeth – O Barão de Cawdor vive. Vós me vestis
Em pompa emprestada.
Angus – Aquele já não se chama Barão de Cawdor.
O machado paira sobre sua cabeça. Se estava ligado à
Noruega, se insuflou o ânimo da plebe
Com secretos préstimos ou se de ambos
Modos promoveu a ruína de seu país
Eu não sei e não sei quem saiba
Mas confessada e comprovada está
A sua alta traição.
Macbeth – Glamis. E Barão de Cawdor.
A grandeza maior está por vir. Obrigado por este favor.
(*para Banquo*)
Não tendes esperança agora de que Vossa raça
Mude a plumagem, por sua vez, em realeza.
Aquelas que me fizeram Barão de Cawdor
Não prometeram coisa menor.
Banquo – Não sejais ávido, Barão
Pela coroa do Rei Duncan.
(*para Rosse e Angus*)
Uma palavra, Senhores.
Macbeth – Duas vezes a verdade. Feliz prólogo
Ao jogo do poder. Obrigado, amigos. Esse chamado
De além da natureza não pode ser falso
Nem bom. Se falso, por que o adiantamento: eu
Sou Barão de Cawdor. Se bom, por que se arrepia
Minha pele diante da imagem maior anelada
E meu sedentário coração golpeia minhas costelas
Soando alto contra a natureza. Horrores vividos
São contos de fadas diante do pavor da fantasia.
Meu plano, no qual o assassinato ainda não tem corpo
Abala tanto minha humanidade solitária
Que a cautela interrompe o seu passo e nada mais existe

A não ser o que não existe.
BANQUO – O homem, vede, está fora de si.
MACBETH – Se me queres Rei, ó sorte, dá-me logo a coroa
　Poupa-me o trabalho do golpe.
BANQUO – As novas honrarias são
　Como nossas roupas, estranhas até que o costume as
　Ajuste a quem veste.
MACBETH – Venha o que vier
　O tempo com horas corta o mais áspero dia.
BANQUO – O Rei aguarda pelo Barão de Cawdor.

CENA 3
Duncan sentado sobre cadáveres empilhados que formam um trono.
Malcom.

DUNCAN – O machado já desceu sobre Cawdor. Onde estão aqueles
　Que dotamos com sua morte. Sua cabeça.

Lenox.

LENOX – Aqui, ó Rei. E eu que o vi morrer
　Posso relatar que confessou livremente
　Sua traição e rastejou pelo perdão
　Com esforçados joelhos. Nada em sua vida
　Caiu-lhe tão bem quanto sua partida. Morreu
　Como alguém treinado na morte
　Jogando fora seu bem mais precioso
　Como um farrapo.
DUNCAN – Arte nenhuma pode ler na face
　O que dentro dos crânios transcorre.
　Esbofeteia a cabeça.
　Era um homem a quem confiava
　Meu sono.

Macbeth, Banquo. Duncan deixa a cabeça cair.

　Macbeth, meu mui honrado general.
　Pesava-me ainda agora o pecado da minha
　Ingratidão. Tão longe chegaste
　Que com as mais ligeiras asas não te alcança
　Tua recompensa. Oxalá merecesses menos.

A balança penderia a meu favor. Sei que
Por mais que eu pague, nada pagará o teu prêmio.
MACBETH – O serviço e a obediência que devo
Pagam-se por si mesmos e a parte de Vossa Alteza
É instar por nossos deveres; quais sejam
Filhos e servos para Vosso trono e Estado.
DUNCAN – Eu
Te plantei e meu trabalho seja
O teu crescimento. Nobilíssimo Banquo, com
Não menos relevantes méritos ocupa teu lugar
Em meu coração.
BANQUO – Alta morada para se habitar.
Altos ou rasos sejam meus frutos
Vossa é a colheita.

Duncan abraça alternadamente Macbeth e Banquo.
Soldados com camponeses aprisionados numa corda.

SOLDADO – Aqui está o resto.
MALCOM – Enforcai-os.
SOLDADO – Devemos arrastá-los por meia Escócia.
A região está arrasada. Uma vitória após a outra.
Aqui nem a relva cresce mais.
MALCOM – Atirai-os no pântano.
Fica próximo daqui. Rufai os tambores quando eles gritarem
Enquanto o Rei e a corte aqui estiverem.

Os soldados saem arrastando os camponeses. Durante o resto
da cena gritos dos que se afogam. Tambores.

DUNCAN – Amigos, minha felicidade
Transborda e veste-se de lágrimas.
Filhos, Barões, chegados ao trono nosso, sabei:
Legamos nosso Estado ao nosso primogênito
Malcom, o qual passa a designar-se
Príncipe de Cumberland, honra esta que
Não deverá sobre ele unicamente recair.
Insígnias de nobreza brilharão como estrelas
Sobre os méritos de cada um. Partamos para Inverness.
Que o Barão de Cawdor aumente nossas obrigações para consigo.
MACBETH – Quero ser Vosso mensageiro e levar a minha esposa

A alegria de Vossa iminente chegada.

Sai.

Duncan – Sim, meu caro Banquo, nobre ele é por inteiro.
Fazer o seu louvor é uma festa para mim.
Sigamos ao que nos prepara o leito acolhedor.

Cena 4
Soldados atiram camponeses no pântano. Macbeth.

Macbeth – Príncipe de Cumberland. O passo vai muito além de mim.
Sou eu quem vai despenhar-se ou dar um salto, eu sim.
Apaga teu fogo, estrela e estrela, que a luz não veja
O que de negro e profundo meu ser deseja
Olho, esquece a mão. E possa acontecer
O que, uma vez feito, o olho se nega a ver.

Sai.

Cena 5
Lady Macbeth, lendo uma carta.

Lady Macbeth – "Elas apareceram-me no dia da vitória, e sei pelo mais rigoroso exemplo que sua ciência supera a dos mortais. Quando eu já ardia por indagar-lhes mais, tornaram-se em ar e nele desapareceram. Ali quedei-me entorpecido, chegaram então mensageiros do Rei que me saudaram como Barão de Cawdor, título que minhas irmãs, as bruxas, me haviam recém-concedido, anunciando o tempo por vir com um Salve Rei, que o serás. Achei por bem confiar-te tudo isso, companheira de minha grandeza. Guarda-o em teu coração e até breve."
És Glamis, e Cawdor. E deverás ser
Aquilo que te está reservado. Não estivesse teu ânimo
Tão cheio com o leite do amor aos semelhantes
Seguirias o caminho reto. A cartada pela coroa
Queres dar com a mão limpa, sem trapaça.
Mas de modo oblíquo precisas ganhar, grande Glamis
Aquilo que te grita: faze-o, se queres tê-lo.

E o que tens mais horror de fazer do que
Desejo de não ver feito. Qual é a notícia.

Servo.

SERVO – O Rei vem passar a noite.
LADY MACBETH – A loucura se apossou de ti.
　Acaso teu Senhor não está com ele e, sendo assim
　Não me teria dado notícia para que nos preparássemos.
SERVO – Perdoai, é a verdade. O Barão está a caminho.
　Um dos nossos cavalgou a sua frente
　E aqui chegou quase sem alento
　Para anunciar a mensagem.

Sai.

LADY MACBETH – O próprio corvo
　Está rouco, gralhando à entrada fatal de Duncan
　Em meus muros.

Macbeth.

Grande Glamis. Cawdor.
Maior do que ambos na saudação de amanhã.
Tua carta elevou-me por cima
Deste surdo hoje e a visão
Tem o sabor do futuro.
MACBETH – Duncan vem
　Para passar a noite.
LADY MACBETH – Quando se irá.
MACBETH – Amanhã. Assim ele o deseja.
LADY MACBETH – O sol nunca verá este amanhã.
　Cerra tua face, Barão, ela é um livro
　Nele todos podem ler coisas estranhas.
　Para enganar o tempo, sê enganador como o tempo
　Seja teu olhar uma flor, tu a serpente por debaixo.
　Aquele que vem quer ser bem servido. Deixa
　em minhas mãos a grande empresa desta noite, Barão.
MACBETH – Falaremos mais a respeito.

Um berro do lado de fora.

LADY MACBETH – Que barulho é esse.

MACBETH – Um camponês que não pagou o arrendamento.
LADY MACBETH – Quero vê-lo sangrar, exercitando meus olhos
    Para o quadro que à noite nos envia.
MACBETH – Mandarei buscá-lo, já que assim o queres.

Sai.

LADY MACBETH – Macbeth. Rei da Escócia.

Dois servos com o camponês esfolado vivo. Macbeth.

MACBETH – Teu camponês, Senhora.

Lady Macbeth cobre os olhos com as mãos. Macbeth ri.

CENA 6
Diante do castelo. Camponês no tronco. Duncan e Banquo.

DUNCAN – O castelo tem agradável localização.
BANQUO – O hóspede de verão
    Que aprecia aninhar em igrejas, a andorinha, anuncia
    Com tantas obras que o céu aqui
    É de bom respirar. Não há buraco na muralha
    Em que a ave não tenha pendurado seu leito
    E o berço onde incuba e gera. Sempre achei
    Que ali onde com mais vigor ela se multiplica
    O ar é dos melhores.

Lady Macbeth.

DUNCAN – Nossa bela anfitriã.
    Amiúde torna-se fardo o amor que a Nós se prende
    Mas ainda assim o consideraremos. Aprendei comigo
    A rogar que Deus nos recompense pelos Vossos incômodos
    E Nos agradecei por Vosso fardo.
LADY MACBETH – Todo nosso serviço
    Cumprido em cada ponto duas vezes, e reduplicado
    É pobre pormenor diante das honras
    Que Vossa Majestade a nossa casa entrega.
    Pelas dignidades passadas e pelas novas, sobre

Aquelas cumuladas, permanecemos devedores.
DUNCAN – Onde está o Barão
De Cawdor. Seguimo-lo de perto, quiséramos ser
Seus arautos. Mas ele cavalga bem
E seu amor, aguçado como suas esporas
Deu-lhe a dianteira. Nobre e bela anfitriã
Somos Vossos hóspedes esta noite.
LADY MACBETH – Vossos servos
Têm tudo de seu e a si mesmos como um feudo
Prestando contas ao bel-prazer de Vossa Alteza e
Dando a ela o que lhe pertence.
DUNCAN – Vossa mão.
Levai-me a meu anfitrião. Nós o amamos sobremaneira
E sobre ele seguirá brilhando sempre a Nossa graça.
Com Vossa licença, Senhora.

CENA 7
Servos passam carregando animais abatidos. Macbeth.

MACBETH – Eu fui seu açougueiro. Por que não a sua carne
No meu gancho. Eu lhe consolidei e elevei
O trono com pilhas de cadáveres.
Se recuasse no meu sangrento trabalho
Sua praça estaria há tempos nas fundações.
Ele paga o que me deve, se eu o faço.
Se estivesse feito, quando estivesse feito, bem feito
E rápido. Pudesse o assassinato sepultar
O que o assassinato incuba, que fosse o puro
E simples golpe a única coisa e nada além
Apenas aqui sobre esta ferrugenta bancada do tempo
E nos seria fácil desconsiderar a outra vida.
Também ninguém nunca ergueu-se e voltou
Para dizer se ela existe. Talvez não haja vida nenhuma.
Casos desta laia porém acham aqui tribunal
A sangrenta lição desaba sobre o professor
Com mão imparcial o pagamento enfia o veneno
Em nosso próprio dente. Ele aqui está
Duplamente protegido: sou seu vassalo
Isto embota a ponta do punhal, e seu anfitrião
Que deveria fechar aos seus assassinos

A porta, em vez de empunhar eu mesmo a faca.
E esse Duncan, ademais, parece tanto
A neve, que ninguém mais crê no sangue
Em suas garras. E a neve grita
Contra a negra maldade que o abate.
A compaixão como um recém-nascido nu
Tendo no seu ventre a tempestade, ou montados em
Invisíveis corcéis de ar os próprios anjos que sopram
O feito horrendo em cada olho, as lágrimas
Afogariam o vento. Não tenho aguilhão
Para coçar os flancos da minha vontade, apenas
Esta premente ambição.

Lady Macbeth.

Que é agora. Que queres de novo.
LADY MACBETH – Ele já comeu. Amanhã comeremos
 Em sua prataria. Por que te retiraste.
MACBETH – Ele indagou por mim.
LADY MACBETH – Então não sabes que indagou.
MACBETH – Não continuemos com este assunto.
 Ele recompensou-me bem, e áurea estima
 Angariei com gentes de toda espécie
 E como sabes mesmo com dinheiro miúdo
 Eu já teria agora outras marcas na carne.
 O fresco esplendor quer ser gasto
 Não jogado fora ainda novo.
LADY MACBETH – Era a esperança um vapor de cerveja
 Que te intumesceu como pesado sono
 Para então à luz do dia olhar atônita verde e pálida
 O que antes fez livremente. E sei agora que
 O mesmo vale para o teu amor. Tens acaso pavor
 Macbeth, de tornar-te o que és em sonhos.
 Ele sente a coceira e tem medo de coçar.
 Poderia ficar com sangue sob as unhas.
 Vive então com a comichão pela coroa
 Na tua volúpia medindo tua covardia
 Com não-me-atrevo esperando calado pelo eu-quero.
MACBETH – Cala. A tudo me atrevo que a um homem cabe.
 Quem além se atreve não o é.
LADY MACBETH – Que espécie de animal então
 Revelou a mim esta empreitada.

Eras um homem quando ousavas fazê-lo, e tanto mais
Tal homem serás ousando ser mais do que tu mesmo.
Nem o lugar nem a hora eram então propícios.
Em teu punho te dispuseste a sujeitá-los.
Ambos agora estão de acordo e já não tens mais peso.
Tu chacinaste por ele, no abraço havia ainda
Fedor de sangue. Atreve-te por ti mesmo.
Eu dei de mamar e sei quão doce é sentir amor
Pelo pequeno que te ordenha. Eu teria, vendo o
Sorriso em seu rosto, arrancado meu peito
De sua gengiva sem dentes e arrebentado
Seus miolos, se assim o tivesse jurado
Como tu juraste.

MACBETH – Se falharmos.

LADY MACBETH – Nós, falharmos. Segura bem as tenazes da tua coragem
E nada falhará. Quando Duncan dormir, e rápido
Lhe virá o sono após um dia de cavalgada
Com vinho e especiarias entreterei
Seus dois camareiros, de modo que seu pobre juízo
Ou o que no lugar tiverem, uma névoa será, o seu
Recipiente um casco de vapor. Quando em sono de suínos
Jazerem afogados como numa morte
O que não poderemos tu e eu fazer com o
Tão indefeso Duncan, ou não imputar a seus
Embriagados servos, que levarão a culpa
Em nossa grande limpeza.

MACBETH – Tu concebe-me
Filhos. Que apenas homens cresçam, mulher
Da tua matéria bravia. Quem não acreditará
Quando em sua câmara pintarmos os dois sonolentos
Com sangue, extraído com seus punhais
Que eles cometeram o golpe.

LADY MACBETH – Quem pensará de outro modo
Quando o tivermos feito com sucesso e apregoarmos
Nossa aflição.

CENA 8
Banquo, Fleance.

BANQUO – Qual a idade da noite, filho.

Fleance – A lua já se pôs.
Banquo – Ela se põe
 À meia-noite.
Fleance – Creio que é mais tarde, Sir.
Banquo – Toma minha espada. Fazem economia no céu.
 Apagadas todas as velas. Toma isso também. Um sono
 Pesado como chumbo jaz sobre mim. Não quero dormir.
 Forças misericordiosas livrai-me dos negros
 Pensamentos que se erguem no sono
 Dos porões da razão. Dá-me minha espada.

Macbeth, servo com tocha.

Banquo – Quem vem lá.
Macbeth – Um amigo.
Banquo – Ainda estais desperto, Sir. O Rei está em sua cama.
 Com humor melhor que de costume: presenteou
 Ricamente Vossos servos e, contentíssimo
 Envia a Vossa esposa este diamante
 Saudando-a como sua melhor anfitriã.
Macbeth – Tão apressada a visita, que nosso empenho
 Foi o único servo de nossa penúria.
 De outro modo nos mostraríamos com mais riqueza.
Banquo – Riqueza
 Suficiente assim. Tive um sonho a noite passada, Macbeth
 Com as três irmãs feiticeiras. Elas Vos
 Disseram coisas verdadeiras.
Macbeth – Não penso nelas.
 Mas quando o serviço nos poupasse uma hora
 Poderíamos conversar sobre o assunto
 Se Vosso tempo permitir.
Banquo – Como quiserdes.
Macbeth – Ficai a meu lado quando chegar o tempo. Tal
 Vos trará honra.
Banquo – Se honra não perco
 Por mais honra tentar obter e sendo
 Tudo de acordo com o dever, contai comigo.
Macbeth – Por ora: boa noite.
Banquo – Obrigado, Sir, também a Vós.

Banquo e Fleance saem.

MACBETH – Dize a tua Senhora que faça soar o sino
Quando minha bebida estiver pronta. Tu, vai deitar-te.

Servo sai

É um punhal isto. A empunhadura busca minha mão
Vem, antigo ferro, que troca os reis
Parteiro da majestade, herdeiro do trono.
Não te possuo, e no entanto vejo-te bem.
És tu, imagem fatal, irreal à mão
Como és ao olho. És tu um punhal de sonho, um
Mau parto de um crânio superexcitado.
Ainda te vejo, tua forma emprestada
Deste punhal aferrado a minha mão.
Tu vais diante de mim pelo caminho que já era meu andar.
És a ferramenta que eu queria necessitar.
Meu olho é o palhaço dos outros sentidos
Ou vale por todos eles. Vejo-te sempre, punhal
Em tua lâmina, sangue que antes não havia.
De tua empunhadura para minha mão mancha o suor
Dos assassinos anteriores a mim. Por quanto tempo ainda extrairás
Passando de mão em mão como uma meretriz
O sangue dos reis, rubro como qualquer outro sangue
Já te vi tempo bastante. Tu não existes.
Meu sangrento negócio ensina aos meus olhos
Esta lição. Na metade do mundo da qual
Meu corpo pende sobre o nada, tudo o que vive
Parece agora morto. Sonhos cavalgam o sono, minhas irmãs
As bruxas realizam seu serviço, o assassínio
É barato, grudento de sangue o empoeirado globo terrestre
Engole o seu passo. Segue teu caminho, guia
Do poder, amanhã talvez montes em minhas costas.
Palavras demais para uma única morte.
O mundo não tem outra saída a não ser a do algoz.
Com faca em ponta de faca é aberto o caminho.

sino

Eis o sino, Duncan, que nos convoca
Ao céu ou ao inferno. Faze tuas orações.

Sai.
Lady Macbeth.

Lady Macbeth – Ele está em seu trabalho.
As portas abertas, totalmente encharcados os servos
Roncam o escárnio ao seu dever. Meu veneno no narcótico
Faz com que a morte e o sono se agarrem
Pelos cabelos em torno do cadáver.
Vozes – Quem está aí. Ei.
Lady Macbeth – Ah. Eles despertaram e não foi feito.
A tentativa, não o ato, é que nos devora
Deixei-lhe seus punhais à mão.
Ele tinha de achá-los. Não fosse ele no sono
Tão parecido a meu pai, eu o teria feito. És tu, marido.
Macbeth – Obrei a obra. Pudesse eu verter
O sangue de volta em suas veias.
Lady Macbeth – Para quê.
Macbeth *(olha para as próprias mãos)*
É uma triste imagem esta.
Lady Macbeth – Isto é a coroa.
Macbeth – Eu trucidava, e com estas mesmas mãos
Tudo que aparecia diante da minha espada. Assim banhado em sangue
A seu serviço minhas mãos eram brancas.
Eu era sua espada. Uma espada não tem nariz
Para o fedor de corpos abertos. Pudesse eu
Decepar a mão que me conduziu.
Lady Macbeth – Estás vendo.
Tua sombra é o que enegrece teu sol.
Pela primeira vez foste tua própria espada.
Toma sob tuas botas esta Escócia
E o negro será branco.
Macbeth – Acaso tu o fizeste. Que sabes tu.
Quem dorme na segunda câmara.
Lady Macbeth – Donalbain
Com seus criados.
Macbeth – Alguém ali
Riu-se em seu sono e outro gritou assassínio
E ambos acordaram com seus sonhos
E um acordou o outro. Eu parei e os escutei.
Mas balbuciando suas orações eles
Voltaram ao seu sono.
Lady Macbeth – Boas orações.
Macbeth – Quando sobre ele ergui os punhais

Um gritou valha-nos deus, o outro amém
Como se me vissem com estas mãos de açougueiro
Para cujo poder estão destinadas a esta púrpura
Escutando seu medo não pude responder
Amém ao seu valha-nos deus.
LADY MACBETH – Não penses nisso
Tão a fundo.
MACBETH – Por que não pude dizer amém.
LADY MACBETH – Eu o digo por ti. Amém. Queres que diga outra vez.
MACBETH – Mais necessitava eu da graça e o amém
Ficou-me preso na boca.
LADY MACBETH – Não precisas mais de nenhum amém
Depois disso.
MACBETH – E quando lhe cortei a garganta
E sobre minhas mãos saltou o seu sangue
Uma voz gritou – Não dormireis mais. Macbeth
Assassinou o sono. O sono livre de culpa
Sono que aplaca o turbilhão das inquietações
Morte diária, banho de cura dos torturados
Bálsamo das mágoas, segundo curso da natureza
E tribunal superior da vida.
LADY MACBETH – Que dizes.
MACBETH – E sempre o grito pela casa Não dormireis mais
Glamis assassinou o sono, e por isso
Nunca mais sono para Cawdor, nunca mais sono para Macbeth.
LADY MACBETH – Tudo ficará bem, nosso é o dia.
E poupa tuas lágrimas para as vestimentas fúnebres
Um pouco d'água fará bem à relva
Que crescerá da sua barriga por sobre o túmulo.
É tão difícil ser o teu próprio Senhor. Não curves
Tua força sob pensamentos já conhecidos.
Busca água e limpa de tua mão
O rubro testemunho. Por que trouxeste cá os punhais
Para fora do seu lugar. Leva-os e unge
Com seu sangue os sonolentos criados.
MACBETH – Tenho medo de pensar no que fiz
Vê-lo novamente, eu não me atrevo.
LADY MACBETH – Homem fraco
Dá-me os punhais. Os que dormem e os mortos
São imagens vazias. O olho da infância teme
O diabo pintado. Se o velho ainda tiver sangue

Vou dourar o rosto dos camareiros
Até que resplandeçam de culpa.

Sai.

MACBETH – Que barulho é esse. Quem bate
De fora da minha noite ou dentro da tua noite.
O coração do cão ou novidades no portão sul.
Quem quer subir ao balcão do açougueiro. Ei, vós, menos barulho.
O cadáver é novo na função, poderia
Esquecer sua fresca distinção e levantar-se
Sua cabeça balançando pendurada no pescoço
Pelos três nervos que meu corte poupou.
O que aconteceu, que todo barulho me apavora
E com dedos de sapo agarra minha nuca.
O que ainda não aconteceu. Que mãos são essas
Que me foram plantadas aqui e em colheradas
Devoram-me os olhos. A mão ou o olho.
Não preciso de olhos para ver esta mancha.
Nem toda a água, se os mares acaso se
Reunirem, lavará de minha mão todo o seu
Sangue. Antes ele vestirá minha mão
De púrpura, um vermelho vestirá o verde, o oceano.

Lady Macbeth.

LADY MACBETH – Da tua cor estão minhas mãos. Minha
Vergonha é meu coração branco. Ouço batidas
No portão sul. Vamos para nossa câmara.
Um pouco d'água lava-nos do nosso ato.
Quão leve ele se torna então. Tua vontade deixou-te
Totalmente só. As batidas de novo. Veste
Teu roupão, que o acaso não nos encontre acordados
Diante dos outros que dormem. Não penses tão a fundo
Na tua fraqueza.

Sai.

MACBETH – Saber de meu ato. Melhor seria
Não saber de mim mesmo. Se o pudesse.

Cena 9
Porteiro.

Porteiro – Boas batidas na porta, Senhor. Essas batidas têm melodia, Senhor.
(*canta*)
Ele cortou fora o mamilo dela com a espada
Era um quadro de desolação o que se via –
Batei o quanto quiserdes, tendes de esperar pelo porteiro. Isso é de acordar os mortos. Quereis que um fantasma Vos venha assombrar à noite.
Caía e jorrava todo o sangue da dama
E pingava de seus joelhos
Deve ser um Senhor muito zeloso, para fazer escândalo assim tão cedo. O que haverá de novo sob a lua que não possa esperar pelo sol. Ei. Eu também posso bater: minha perna é bosque escocês tanto quanto o portão. Um bosque precisa do seu tempo, Senhor.
(*bebe*)
Com este remédio a madeira do bosque não apodrece.

Abre o portão.
Macduff e Lenox.

Foi o cupim da minha perna, Senhores, que os fez esperar, eu sou a pressa em pessoa em matéria de abrir portões. Algo errado com minha perna, Senhor, por que esse olhar atravessado. Era uma boa perna, Senhor, até que me pôs chifres diante da Inglaterra. Não se pode confiar numa perna, Senhor, quando ela se põe a correr. Ela acabou dando à luz e me abandonando, refiro-me à minha perna, Senhor, num campo de batalha em Bannockbride contra um exército de cupins ingleses. O braço, Senhor, ficou excitado e saiu correndo em sua companhia, por puro amor à simetria.
Macduff – Queres que te pregue ao portão, porteiro.
(*faz isso com a espada*)
Lenox – Vou dar-te pernas, aleijado. Corre.

Corta-lhe fora a perna de pau. Ambos riem. Macbeth.

Tivemos de acertar um pouco os ponteiros
Do Vosso porteiro, Senhor. Ele mancava contra o relógio.
Macbeth – Obrigado pelo trabalho.
Lenox – Nós o fizemos com prazer.

MACBETH – Trabalho é trabalho.
MACDUFF – O que se faz com prazer não é
 Trabalho. Onde dorme o Rei. Ele ordenou-me
 Que o despertasse cedo.
MACBETH – Ali está a porta.
MACDUFF – Atrevo-me a despertá-lo segundo suas ordens.

Sai.

LENOX – O Rei cavalgará hoje?
MACBETH – Assim ele determina.
LENOX – A noite foi medonha, em nosso alojamento
 A chaminé desabou. O ar esteve cheio de
 Lamentos, gritos moribundos, nunca antes escutados
 Presságios com estranhas e pavorosas ladainhas
 Sobre incêndios furiosos, inversões no curso do mundo
 Gestando no ventre do tempo. A ave da noite abriu buracos
 Em nosso sono com seus gritos. Os criados dizem
 Que a Terra está totalmente ébria de sangue
 E se contorce em espasmos.
MACBETH – A noite foi áspera.
LENOX – Minha jovem
 Memória não lembra de nenhuma que se compare a esta.
MACBETH – Servos. Removei isto daqui antes que o Rei se levante
 Para que seus olhos não sejam ofendidos pelo sangue,
 Derramado em seu nome, é bem verdade, com zelosa rapidez.

*Servos arrastam dali o porteiro, lavam o sangue do
portão e do chão. Macduff.*

MACDUFF – Apreciais o gosto do sangue, Barão.
MACBETH – Sangue. De que falais.
LENOX – O que aconteceu.
MACDUFF – Alguém neste lugar sabe
 do que estou falando. Alguém talvez esteja deitado
 Nesta câmara ou naquela contraindo as garras
 Recém-pintadas de branco ao pensar na coroa
 E ao seu lado um outro, quem sabe, afia
 Sua faca para o talho que desta vez perdeu
 Sua oportunidade. O que olhais estupefatos. Ide à câmara.
 Ali encontrareis pasto. Enxergai-vos à vontade na pintura

Que eu vi, e não como o primeiro.
A mão que pintou aquilo não era cega.

Macbeth e Lenox saem.

Ei. Toca o sino.
SERVO – Por que, Senhor, se me permite.
MACDUFF – Porque senão te abrirei um buraco na pança.
SERVO – Um bom motivo, Senhor. Viva o Rei.
MACDUFF – Ei
    O que dizes. Sabes de quem estás falando, homem.
SERVO – Senhor
    Do Rei. O Rei é o Rei. E
    Se não for este será algum outro. Este ou aquele.
MACDUFF – Este ou aquele. O cão tem política
    Embaixo da língua. Queres que eu a arranque, sujeito.

*Com ajuda de dois servos, que seguram firme o homem e lhe
escancaram o maxilar, Macduff lhe corta fora
a língua. O homem berra*

Isso dispensa o sino. Ei, acordai, Barões. Escutai
A carne gritando por comensais. Para a mesa, açougueiros.
O assassinato já pôs a mesa, a traição salgou a carne.
Mostrai vossas mãos: o branco é sangrento.
Berra mais, homem. Queres que te corte o pescoço.
Deitai fora a plumagem do sono, esse fantoche da morte
Tomai vossos lugares entre os dentes dela
Aquecei-vos diante da visão do juízo final
Erguei-vos como de vossos ataúdes e correi
Como espíritos disputando vossa carne
Com os vermes.

Lady Macbeth.

LADY MACBETH – Que horrorosa trombeta.
    Ela vem de Vossas forjas. Por que perturbais
    O sono dos inocentes.
MACDUFF – Terna Lady, não
    É para Vossos ouvidos o que eu poderia dizer
    Com a minha língua e a dele.

Banquo.

Banquo.
O Rei foi assassinado.
LADY MACBETH – Em nossa casa.
BANQUO – Cruel onde quer que fosse. Dize que é mentira, Macduff.

Macbeth e Lenox.

MACBETH – Tivesse eu morrido uma hora antes dele
   Feliz foi o meu tempo. Depois deste hoje
   O que ainda é sagrado aqui entre a lama e o sangue.
   Tudo joguete, rançosa a glória, podre a graça.
   O vinho foi despejado, apenas borra de uvas
   Ainda espuma e fermenta no tanque oco do lagar.

Malcom. Donalbain.

MALCOM E DONALBAIN – Por quem são os gemidos.
MACBETH – Por vós. Não sabeis.

Pausa.

   Foi tapada a fonte, da qual vosso sangue brotava.
MACDUFF – O Rei, vosso pai, jaz assassinado.
MALCOM – Por quem.
LENOX – Seus camareiros, não mentem as aparências, cometeram
   O ato. Rostos e mãos estavam marcados
   Com tanto sangue como se tivessem
   Se lavado nele. Os punhais também vermelhos
   Encontramos expostos sobre as almofadas
   Como se fossem prova de glorioso trabalho. Atônitos
   Em desatino eles nos miravam como se
   Todas as coisas vivas fossem espinhos para seus olhos.
MACBETH – Tivesse eu aplacado minha cólera. Matei-os.
MACDUFF – Por que fizestes tal coisa.
MACBETH – Quem acaso é sábio
   No espanto, frio na cólera, na lealdade relaxado.
   Rápido demais foi meu amor, segurou pelos pés
   Minha razão, que gritava Pare. Aqui jazia ele
   Seu corpo lívido desolado bordado com seu sangue
   Abertas as feridas um buraco na natureza
   Para a entrada da desgraça. Ali seus assassinos

Pintados com sua obra, em bainhas de sangue
Seus punhais. Quem tivesse um coração cheio de amor
E coragem no coração para demonstrá-lo
Que refreasse ali a sua espada.
LADY MACBETH – Levai-me daqui.
MACDUFF – Cuidai da Senhora.
MALCOM – Por que poupamos
A voz, irmão, se temos aqui o direito primeiro à gritaria.
DONALBAIN – O que eu deveria lamentar
Paralisa-me a língua. Este cadáver paterno
Está grávido, irmão, com a tua morte e a minha.
Saiamos daqui, antes que essas lágrimas nos afoguem
Antes que estes pêsames nos preguem no chão.
BANQUO – Cuidai da Senhora. – Quando tivermos coberto, Senhores
Nossas peles tão finas, que quando nuas
Tão facilmente se ruborizam uma espada
Interrogaremos a este trabalho tão sangrento
Quanto a sua origem. Entre a dúvida
E o pavor na mão poderosa de Deus
Contra a silenciosa suspeita coloco-me.
MACDUFF – E da mesma forma eu.
LENOX – Da mesma forma todos nós na mão daquele
Que, se lhe agrada, torce em seu punho
O curso do mundo
MACBETH – Quisera eu que isso o agradasse.
Veste vossas armas e vinde para o salão.

Saem todos exceto Malcom e Donalbain.

MALCOM – O que farás. Com tais condolentes
Não convém sentar à mesa, não. Muito facilmente poderíamos
Ser a merenda do velório. Irei para a Inglaterra.
DONALBAIN – Eu para a Irlanda. Separados, nossa sorte
É mais segura. Onde quer que estejamos, punhais fitam
De cada sorriso. Quanto mais próximo no sangue
Mais sangrenta a proximidade.
MALCOM – A flecha ainda voa
Não temos outro caminho a não ser sair da mira.
Não dispensemos delicadezas na despedida, irmão.
Os costumes mudaram por aqui
Neva sangue da lua.

Saem Malcom e Donalbain.
Servo.

Servo – Indigesta é a cerveja.

Cena 10

Diante do castelo. O camponês no tronco: um esqueleto com farrapos de carne. Mulher velha. Jovem camponês. Neve.

Mulher – Dêem-me meu marido de volta. O que fizeram com meu marido. Não estou casada com um esqueleto. Por que não pagaste o arrendamento, seu idiota. (*bate no cadáver*).
Jovem Camponês (*afasta-a*) – Pagar com o quê. Os cães já estavam em cima dele. Uma mão também já se foi. Vamos recolher o resto, antes que os cães terminem com ele. Ninguém vai ficar contando os ossos lá pra onde ele vai. Pára com essa choradeira. O ranho se congela nas tuas bochechas. Se tu bate as botas, quem vai ser meu burro de carga. Com a dívida do arrendamento não vou conseguir mulher nenhuma. Dizem que liquidaram alguém aí. O Rei. Estás ouvindo os cavalos. É o cheiro de sangue. Não vamos conseguir tirá-lo inteiro daqui. Ainda tem muita carne nele.

Prostram-se na neve. Rosse, Macduff.

Rosse – Como vai o mundo, Sir.
Macduff – Como. Acaso não vedes.
Rosse – Quem cometeu o ato mais que sanguinário.
Macduff – Aqueles que não podem mais negar nem confessar
    Pois Macbeth os ajudou a encontrar a sepultura.
Rosse – Por que eles sacrificariam a sua galinha dos ovos de ouro.
Macduff – Por mais ouro. Malcom e Donalbain, os filhos
    Da majestade morta, estão fugitivos
    E a suspeita é seu único espólio.
Rosse – Um milagre da natureza: a ambição como
    Esbanjadora. A Escócia então pertence a Macbeth.
Macduff – Ele foi nomeado e se dirige a Scone para a coroação.
Rosse – Acaso ides para Scone, Sir, com o novo Rei?
Macduff – Não, primo. Eu vou para Fife comigo mesmo.
Rosse – Eu vou

No caminho contrário.
MACDUFF – Fazei o que quiserdes. Adieu.
A casaca velha se foi. Rápido com a lealdade
Cuidai para que a nova não Vos fique estreita no pescoço.

Saem em direções diferentes. O jovem camponês e a velha mulher começam a desatar o morto do pelourinho.

CENA 11
Castelo. Banquo.

BANQUO – Conseguiste: Glamis e Cawdor, agora Rei
Bem de acordo com o veredito das mulheres. E temo muito que
Para que se tornasse verdade, tenhas trapaceado.
Elas também disseram isso: teu tronco, Macbeth,
Não possui ramos. Eu porém devo ser
Depois de ti a raiz de muitos reis.
Se a verdade provém de nossas irmãs barbudas
Colocando sobre sua cabeça o diadema, isso ficou claro,
Por que não deveria eu ter boas esperanças
Aí vem um Rei que não possui tempo. Já
Se levantam meus sóis por entre sua carcaça.

Macbeth como Rei, Lady Macbeth como rainha.
Rosse, Lenox, Lordes.

MACBETH – Eis nosso convidado de honra.
LADY MACBETH – Se ele fosse esquecido
Seria como um arranhão em nossas alegrias.
MACBETH – Daremos hoje à noite um banquete, Sir.
Quero que estejais presente.
BANQUO – Vossa Alteza
Tem o comando sobre mim, pois estou
Ligado para sempre a Vossa Alteza pelo dever
Com um laço indissolúvel.
MACBETH – Cavalgareis
Hoje à tarde.
BANQUO – Assim desejo, Senhor.
MACBETH – Não fosse assim, gostaríamos de ouvir
No parlamento de hoje Vosso conselho,

Sempre de peso e proveito. Amanhã Vos ouviremos.
Cavalgareis até muito longe.
BANQUO – De agora até a tardinha, Senhor.
E se impulso faltar ao meu cavalo, terei de pedir tempo emprestado
À noite.
MACBETH – Não falteis a Nossa festa.
BANQUO – Eu não, Senhor.
MACBETH – Soubemos que Nossos sanguinários primos
inconfessos de seu brutal parricídio
trabalham agora como contadores de histórias na
Inglaterra e na Irlanda. Mais, a respeito disso, amanhã
Quando os assuntos de Estado reunirão a todos nós.
Sir, nós Vos despedimos em Vossos cavalos
Até que regresseis ao lar à noite. Fleance irá convosco.
BANQUO – Sim, meu alto Senhor. E nosso tempo é escasso.
MACBETH – Desejo-Vos cavalos que corram rápidos e seguros
E às costas deles confio Vossa saúde.
Adeus.

Sai Banquo.

E cada qual seja senhor de seu tempo.
Até a noite. Para que vossa companhia
Nos seja ainda mais grata queremos estar a sós com Nós mesmos
Até a refeição da noite. Deus esteja convosco.

Saem todos exceto Macbeth.

Não vou necessitar
Dele por aqui agora. Se é que necessitei alguma vez.
Se ele pudesse parar o tempo. Eu posso
E com não mais do que quatro mãos alugadas.
Servo.

Servo.

Os homens contratados para
Divertir-Nos já estão à disposição.
SERVO – Junto ao portão, Senhor.
MACBETH – Traze-os à Nossa presença.

Sai o servo.

Meu pavor chama-se Banquo.
Ele esteve tempo demais ao meu lado, ele não

Pode ficar abaixo de mim, nem eu sobre ele
Num firme assento. Ele também tem uma cabeça
Sobrando desde aquela charneca. MENOR QUE
MACBETH E MAIOR. Banquo, o engendrador de reis.
Quero podar-lhe esse seu ramo alto demais
Até que os vermes se acasalem com ele e com sua ninhada.
Sobre minha cabeça seca como palha a coroa
Em meu punho um cetro sem frutos
Arrancado por mão estranha deste punho
Vivo ou morto, pois em meu rastro de sangue
Nenhum filho põe-se em marcha, o sêmen dele é Rei.
Para ele é que se aram com espadas estas lascivas
Lavouras de carne humana. Os moinhos de ossos
Do poder rodam para os estômagos da sua ninhada
Que vêm ansiosos atrás do meu cadáver.
Quero arrancar a genitália ao futuro.
Se de mim nada vem, que venha o Nada depois de mim.
Quem vem lá.

Servo com dois assassinos.

Até que precisemos de ti, fica junto à porta.

O servo sai.

Foi ontem que confabulamos.
Assassino 1 – Ontem, Majestade.
Assassino 2 – Com Vossa permissão.
Macbeth – E haveis
Refletido sobre minhas palavras. Sabeis
Que foi ele que em tempos passados vos
Tratou pior que a cães, o que acreditastes de minha
Pessoa totalmente inocente, e que ele, Banquo, o fez.
Assassino 1 – Vós
Nos fizestes saber.
Macbeth – Que quereis fazer
A respeito.
Assassino 2 – Senhor, o que desejardes.
Macbeth – Apreciais o sabor do esterco
Que amadurece as colheitas dele. Sois homens.
Assassino 1 – Com Vossa permissão, Senhor.
Macbeth – Como. Acaso quereis rezar
Por este bom homem e sua estirpe

Que enquanto viver dá de provar o túmulo a vós
E a mim.
Assassino 1 – Queremos pôr as mãos a rezar, Senhor
Ao redor do pescoço dele.
Macbeth – Sois rezadores fortes.
Assassino 1 – O mundo nos ensinou a rezar, Senhor.
Macbeth – Então eu confio ao vosso coração esse trabalho
Que afasta aquele e vos instala em Nosso
Coração, que deplorará enquanto aquele ainda tiver seu sangue.
Vós rezais pela Escócia.
Assassino 2 – Senhor, pelo que quiserdes. Sou
Um que o mundo cobriu tanto de golpes pelas costas
Que não mais pergunto se o que faço
Merece o desprezo do mundo.
Assassino 1 – E outro sou eu
Tão peneirado pela miséria, descosido pela sorte
Que coloco a vida em cada lance de dados
A fim de prosperá-la ou então livrar-me dela.
Macbeth – E ambos sabeis que Banquo foi vosso inimigo
E meu, que mesmo de tremenda distância
Me asfixia sua respiração.
Assassino 1 – Nós o sabemos, Senhor.
Macbeth – Com o mero poder eu o varreria sem mais
Da minha vista e minha vontade me absolveria.
Mas não posso, por causa de certos amigos
Tanto dele quanto meus, de cujo amor necessito
Ao contrário, tenho de lamentar sua queda
Eu, que o mato. Eis a razão por que cortejo
Vossa mão tão talentosa com a morte
Para que vós a empresteis a mim como uma luva
Mascarando, porque o Estado assim o requer, meu golpe
Ao olhar público.
Assassino 2 – O que Vós ordenardes, Senhor
Nós queremos fazer.
Assassino 1 – Com toda garganta, Senhor
Que tiverdes a honra de nos confiar
Macbeth – Através de vossa turva matéria brilha algo de nobreza.
Dentro desta mesma hora eu indicarei
Onde vos plantareis; a hora e o momento
Pois hoje à noite deve ser feito; e
Longe do castelo, para não enegrecer minha inocência

E junto com ele, para que o trabalho não deixe restos,
Fleance, seu filho, que vem pelo mesmo caminho
Deve entrar em vosso abraço mortal.
Sumindo da Nossa vista. Estais preparados.
ASSASSINOS – Estamos.
MACBETH – Ocultai-vos agora e esperai pelo instante.

Assassinos saem.

Este era Banquo. O resto é para os cães.

Lady Macbeth.

LADY MACBETH – Por que sozinho, Majestade. Pesada demais a coroa.
Deixai-me ajudar a carregá-la. Não Vos enterreis
Em turvas fantasias, alimentando sempre
Pensamentos desse tipo, que deveriam estar banidos
Junto com aquele sobre quem refletis. O que não se pode mudar
Não se deve pensar. O feito está feito. – Banquo deixou
A corte?
MACBETH – E voltará.
LADY MACBETH – Para onde.
MACBETH – Para o lugar de onde veio.
LADY MACBETH – Como tudo que vive. Quando.
MACBETH – A vida é uma corrida para dentro da morte.
LADY MACBETH – Compõe teu rosto, meu Rei e Senhor. Mostra-te
Amigável a teus convidados esta noite.
MACBETH – Assim eu quero, amor. Mostra-te tu assim também, a ele
Sobretudo, Banquo. Cheio de escorpiões
Está meu ânimo, mulher, e nesta noite
Eles têm saída livre. Inseguro o trono. Com nossa
Saliva temos de lavar nosso poder
Nossos rostos, máscaras de nossos corações
Teu sorriso hoje à noite pertence a ele, Banquo.
Nós cortamos a serpente, não a matamos
Ela se regenera e torna-se nova como antes
E novamente entre seus dentes habita nossa
Falta de maldade. Que se desconjunte
A estrutura das coisas neste mundo e no outro
Antes que nós comamos o suor de nosso medo e
Durmamos no cerco destes sonhos tumultuosos
Que nos estrangulam à noite. Antes mortos com o morto do que

Empinado em seu lugar, que nós pisoteemos
Do que ficar esticados na cama de tortura
Com todos os nervos. Duncan tem o seu túmulo
Nossa traição libertou-o dos
Calafrios febris da vida. Ele dorme bem.
Veneno, punhal, insurreição e guerra, nada mais o move.
Teu melhor sorriso hoje à noite para Banquo.
LADY MACBETH – O que pretendes fazer.
MACBETH – Não te preocupes com isso. Teu
Sorriso para Banquo.
LADY MACBETH – Pudesse eu matá-lo com sorrisos.
MACBETH – Por homens, mulher, está feito este mundo
Apenas homens podem abalar sua estrutura.
Vai e sê bela para nossos convidados, é o que desejo.
LADY MACBETH – Se eu ainda o fosse para ti.
MACBETH – Minha noiva chama-se Escócia.
LADY MACBETH *(desnuda seus seios)* –
Aquela que preparou a cama para Vós fui eu, Sir.
MACBETH – Cobri-Vos, Milady, pois o poder é gelado.
LADY MACBETH – E por meus seios em breve hás de gritar, está marcado.

Lady Macbeth sai.

CENA 12
Três assassinos.

ASSASSINO 1 – Quem te disse que viesses nos ajudar.
ASSASSINO 3 – Macbeth.
ASSASSINO 1 – Teu pagamento.

Assassino 3 mostra o dinheiro.

ASSASSINO 2 – Em tais andrajos tamanha riqueza.
Acreditamos em ti, camarada
ASSASSINO 1 – Eis a prova.
(*enterra sua faca nas costas do terceiro assassino*)
Camarada.
(*pega o dinheiro*)
Que queres tu.
ASSASSINO 2 – Minha parte.

Assassino 1 – Foste tu acaso
   Que o calaste.
Assassino 2 – Não, Banquo, "nosso inimigo".

Riem.

Assassino 1 *(dá-lhe do dinheiro do morto)* – Toma.
   Vamos estendê-lo aqui como uma seta indicando o caminho.
   Poderemos cair mais facilmente sobre os Senhores
   Quando se inclinarem sobre a carne morta ainda fresca.
   Um homem honrado: depois de morto ainda trabalha
   Por seu pagamento.
Assassino 2 – Agora a noite vai mastigando
   E engolindo o dia.
Assassino 1 – E amanhã ela nos vomita
   Na cara o dia seguinte assim como hoje é
   O dia escarrado de ontem.
Assassino 2 – Eu queria ter algo
   Para mastigar agora.
Assassino 1 – Lá vem a tua carne.
   Escutas os cavalos. Tudo corre como previsto.
   Os Senhores deixam seu estábulo para a infantaria
   E vêm pelo caminho que atalha através do bosque
   Por amor à natureza ou sei lá eu o quê.
Assassino 2 – Pode ser que tenham farejado o golpe
   E mandado seus fantoches para a brincadeira.
Assassino 1 – Sim, nada escapa a um bom nariz.
Assassino 2 – Eles vêm com pressa de quem tem fome.
Assassino 1 – Vão matar a nossa.

Banquo e Fleance, com archotes.

Banquo – O que é aquilo que jaz no caminho. Um novo horror. Quem.
Fleance – Alguém em andrajos. Nada que valha a pena curvar-se.
Banquo – Vai chover hoje à noite.
Assassino 1 – Sobre ti.
Banquo – Corre, filho.
   Vive para a vingança.
Assassino 1 *(corta-lhe a garganta)* –
   Este já disse adeus.

Fleance liberta-se do segundo assassino e foge.

Assassino 1 – Onde está o outro. Tu o deixaste escapar.
Assassino 2 *(segurando o braço)* –
O ratazana quebrou-me o pulso com os dentes.
Assassino 1 – Ele era a metade melhor de nosso trabalho.
Assassino 2 – Como posso fazer meu trabalho com o osso assim.
Assassino 1 – Eu sei. Vamos embora comunicar o que aconteceu.
Espera.
(*corta fora o sexo de Banquo*)
Um penhor de apreço para nosso amo.
A raiz de todo o mal.
Assassino 2 – Esse também não levanta mais.
(*ri*).

Cena 13
Banquete. Macbeth. Lady Macbeth. Lordes e Servos.

Macbeth – Cada um de Vós conhece a sua classe. Tomai Vossos lugares.
Lordes – Agradecemos a Vossa Majestade.

Luta surda pelos lugares.

Macbeth – Queremos nós mesmos
Unir-nos aos convivas como humilde anfitrião.
A Senhora de nosso coração
Honrará o trono. Que suas boas-vindas
Inaugurem nossa festividade.
Lady Macbeth – Diga-as por mim, Senhor, a todos
Pois todos são bem-vindos, diz o meu coração
Macbeth – E eles de coração Vos agradecem, Senhora.
Seja o meu lugar no meio de vós.

Lordes disputam para lhe oferecer cada um o seu lugar.

Trazei vinho.

Assassino 1.

Tens sangue na face.
Assassino 1 – Se tenho é o de Banquo.
Macbeth – Melhor em ti do que dentro dele. Ele chegou a seu destino.

Assassino 1 *(agitando-se)* –
   Da melhor maneira, Senhor. E a chuva cai forte
   Na sua garganta. Eu mesmo fiz isto por ele.
Macbeth – És o melhor dos corta-goelas. Tão bom quanto
   O que fez o mesmo por Fleance. Se foste tu
   Não tens rival.
Assassino 1 – Senhor, o peixe foi
   Pequeno demais para nossa rede. Ele escapou por entre as malhas.
Macbeth – E mais uma vez todo e qualquer vento sobre a Escócia
   atenta contra minha coroa. Fosse eu já agora de mármore.
   Poderia vivo trajar-me com minha lápide
   Como Duncan o morto. Eles bebem meu vinho
   Prensado com sumo de camponeses, minha saliva
   E o aperitivo está todo em meu sangue.
   Bebei, amigos. Esse Banquo, está mesmo acabado?
Assassino 1 – Senhor, como a mangueirinha aqui que lhe prosseguiu a geração.
Macbeth – Escarneces de mim. Homem, quem te inspirou tal coisa.
Assassino 1 – Cada ofício tem o seu humor, meu Rei.
Macbeth – A serpente jaz decepada. Eu agradeço. O verme que dela veio
   Tem veneno de nascença, que o tempo amadurece
   Mas por hoje ainda nenhum dente. Vai. Leva
   O brinquedo para teus filhos. Tens filhos.
   A vida deles está em tua língua. Cala-te.
   O mais amanhã.

Assassino 1 sai.

Lady Macbeth – Meu real Senhor
   Com as bochechas cheias nossos convidados estão famintos
   Por Vossa graça. Se ela falta, falta tempero à carne.
Macbeth – Amada censora. Que a vossos estômagos
   Seja cômodo, amigos, o que foi caro ao paladar.
Lenox – Queira Vossa Alteza tomar seu lugar.

Espírito de Banquo no lugar de Macbeth.

Macbeth – Aqui sob um só teto estaria a nobreza da Escócia
   Não faltasse a estimada pessoa de nosso Banquo
   A quem eu antes preferiria insultar friamente do que lamentar
   Por alguma desgraça.

Rosse – Sua ausência, Senhor, lança máculas
    Sobre sua palavra. Senhor, concedei-nos agora
    A graça de Vossa real companhia.
Macbeth – A mesa está completa
Lenox – Aqui Vosso lugar, Senhor.
Macbeth – Meu lugar. Onde.
Lenox – Aqui, no meio de nós, Senhor.
Macbeth – Quem de vós me fez isto.
Lordes – Senhor, o que Vos desagrada.
Macbeth – O que me agradaria, eu não veria com olhos
    Bem que gostaríeis de ver-me assim, não.
Lordes – Senhor, nossa lealdade
Macbeth – Não podes dizer que eu fiz isto. Eu não o fiz.
    Com minha mão não. Não agites contra mim
    O elmo, tramado com teu sangue
    Já não o trocarás por minha coroa.
    Vai-te para os vermes. Lá espera por mim, amigo.
Rosse – Erguei-vos Senhores. Sua Alteza não está bem.
Lady Macbeth – Permanecei, caros amigos. O Rei amiúde fica assim
    E assim foi desde sua juventude. Rogo-vos, permanecei.
    O surto é um instante. Um pensamento
    E ele por si mesmo estará novo. Se o mirardes
    Ireis ofendê-lo e mais ainda o fareis sofrer.
    Comei, não atenteis para ele. – Sois homem ou não.
Macbeth – Um homem, e que vê com olhos, mulher
    O que empalidece o demônio. Vês o cadáver, espalhado
    Em minha cadeira. Teu sorriso para Banquo.
Lady Macbeth – Que disparate. Pinturas do teu medo
    O punhal de ar, teu guia para Duncan.
    Muito vento por um rebento do pavor.
    Por que temer o que do temor vem, tanto o dele
    Como o nosso. Um conto de fadas de mulherzinha ao pé do fogão no inverno
    É o que te abala. Vergonha sobre ti.
    Entalhar rostos numa cadeira vazia.
Macbeth – O que mais queres. Sobre cadáveres caminhamos todos nós
    Ao longo da vida. Devo arrancar-te a carne
    Toda dos ossos e espalhá-la aos cães
    Quando nossos campos fúnebres já não comportarem
    Tudo que enterramos atrás de nós, que a barriga
    Dos abutres seja nosso último buraco.

O espírito de Banquo desaparece.

LADY MACBETH – Totalmente
  Castrado na loucura.
MACBETH – Eu o vi.
  Sangue foi derramado antes do tempo
  Antes que a lei erigisse o esqueleto
  Do Estado. Assassinatos sem número nem nome
  Depois disso também. E assim foi sempre: quando
  O cérebro se ia, o homem morria e nada mais vinha
  Depois. Hoje os mortos têm futuro.
  No crânio vinte buracos por onde o vento passa
  E a chuva chove, eles tornam a levantar
  E expulsam-nos de nossas cadeiras ou
  Tomam lugar em nossas pobres costas
  No fundo para cavalgar nossa majestade.
LADY MACBETH – Meu Rei, nossos amigos sentem Vossa falta.
MACBETH – Como nós sentimos falta de Banquo, Nosso amigo.
  Trazei vinho. Mais. À saúde da mesa. E
  De Banquo. Trazei carne fresca. Comei, meus queridos.
  O que entope vossos estômagos não poderá morder-vos.
  Engoli mais rápido vós, os mortos crescem depressa.
  Engordando com nosso amanhã o seu ontem.
  Pudesse eu devorar toda a carne do mundo
  Com uma fome que ela não mais se erguesse,
  Que fitas assim, camarada, com olhos que
  Já não te pertencem. Propriedade
  Das gralhas é o que eles são. Não tens mais sangue
  Em tuas veias, lavadas pela chuva.
  A sós com teus ossos estarás em breve
  Tua camisa a terra. Vai-te, carne podre, ou então veste
  Tua carne novamente e me desafia espada contra espada
  No deserto.
LADY MACBETH – A preocupação com o Estado
  Encurta o seu sono. O jugo dos reis, Milordes.
LENOX – Senhor, nossa lealdade –
ROSSE – Contai conosco, Majestade.
MACBETH – O que podeis vós contra espíritos. Contar convosco.
  Quem sois vós. Estranho a mim mesmo me tornais
  Olhando meus rostos sangrentos
  Como se nada fora. Sois acaso da mesma matéria que eles, intangíveis

Ao medo e à morte.
ROSSE – Quais rostos, Senhor.
MACBETH – Vou dar-te olhos com a espada.
LADY MACBETH *(interpõe-se diante da espada)* –
Ide. Não indagueis. Boa noite a todos. Não atenteis
Para vossa classe ao retirar-vos. Ide depressa.
LENOX – Desejamos a Vossa Alteza um bom sono

Lordes saem rapidamente.

MACBETH – Eles se foram.
LADY MACBETH – Sim.
MACBETH – Sangue pede sangue, dizem.
As árvores falam e as pedras andam
Contra o assassino. Puras mentiras.
Longa é a noite.
LADY MACBETH – Ela se espatifa contra a manhã.
MACBETH – Banquo atendeu pontualmente a nosso convite
Queria ter de volta o seu sangue, não é.
Outra coisa eu lhe sirvo. O suco é barato.
Que achas de Macduff recusar nosso amor.
Não há um só deles que não tenha em casa
Um criado que seja meu ouvido, pago por mim.
Às bruxas minhas irmãs barbudas eu quis
Perguntar ontem naquela mesma charneca
Mas não me apareceram. Onde habitarão
Nesta Escócia, quero achá-las
Mesmo virando do avesso o próprio solo da Escócia
Ou escavando-as com as unhas de suas pedras
E interrogá-las. Pois agora preciso saber
Tudo. Tudo me sirva como tijolo
Para minha sorte. Tão longe adentrei no sangue
Que preciso continuar a travessia
Do meu caminho de volta tão nefasto quanto rumo ao fim.
Na cabeça ronda e procura minha mão
O que antes de ser feito quer receber designação.
LADY MACBETH – A ti falta o que separa nossa vida da morte
O sono. Para a cama meu consorte.
MACBETH – Minha loucura e o que me atormenta
É o pavor do principiante, prática o que me falta.
Ainda somos jovens no trucidar.

Cena 14

Passam blocos de pedra, carregados por camponeses que se arrastam. Dois vultos.

Vulto 1 – O Dia do Juízo está próximo. As pedras andam.
Vulto 2 – Para Dunsinane. O Rei da Escócia constrói um castelo contra a Escócia.

Cena 15
Lenox. Lorde.

Lenox – Eu digo o que é. Pensai o que quiserdes a respeito.
De estranho modo uma pedra se encaixa na outra.
Nada mais digo. Duncan, o bom, foi
Pranteado por Macbeth. Bem, ele estava morto.
O virtuoso Banquo saiu muito tarde a passear.
Foi, poderíeis dizer, se o quisésseis, morto por Fleance.
Pois Fleance fugiu. Não se deve sair a passear
Muito tarde. Não quem tenha um filho. E
Quem sentiria senão repulsa ao pensar
Em Malcom e Donalbain. Trucidar
Seu pai branco como a neve. Execrável ato.
Como Macbeth se retorceu de aflição. Não despedaçou
Imediatamente com piedosa cólera os dois delinqüentes
Que ainda jaziam nos grilhões da bebida e do sono.
Acaso isso não foi nobre. Sim, e sábio também, pois não
Haveria de ficar indignado qualquer coração que bate
Com a imprudência de o negarem. Assim que, digo eu, Macbeth
Usou de tudo da melhor maneira possível
Com inata majestade, e eu penso como seria
Se os filhos de Duncan caíssem em suas mãos
E Fleance, filho de Banquo: pela mesma cartilha
Iriam aprender o que é chacinar o pai
Por amor ao tesouro do Estado. Aliás fugindo
De sua herança sangrenta eles o abarrotam.
Não é estranho. E isso também é usado da melhor maneira
Possível por Macbeth, nosso muito estimado Senhor.
Acaso ele não aliviou de nossos camponeses nosso
Arrendamento, que tanto nos pesava no estômago.

Não recompensou ricamente seu exército
Pela contínua lealdade a Duncan e a ele.
Quão modestamente ele mesmo vive: em seu estábulo
Dizem, os cavalos comem carne de cavalo
Desde aquela noite em que sob seu teto
Duncan jazia em sangue e dois corcéis
Derrubaram as paredes do estábulo
E selvagemente atacaram um ao outro
Despedaçando ferozmente com cascos e dentes
E devorando um do outro, bem à moda humana,
A carne dos ossos.

LORDE – Ouvi falar.

LENOX – Que ouvis sobre Macduff, que era Vosso amigo.

LORDE – Não meu, Senhor, desde que se absteve do banquete
Com "Senhor, não eu" e partiu para a Inglaterra
Onde Malcom, como se tem ouvido –

LENOX – Estou ouvindo de Vós.

LORDE – Protegido pelo papa-hóstias Eduard
Reclama seu direito de herança e alardeia
Como com a ajuda do céu e o exército
Da Inglaterra haverá de colocar-nos no lugar
Dando novamente carne a nossas mesas
Sono a nossas noites, nossas festas libertando
Insolente mentira, de punhais sanguinários
E tudo mais que estaríamos carecendo agora.
Preciso dizer mais.

LENOX – Vedes-me indignado, Senhor.

Pausa.

O céu sobre a Escócia tem gosto de fumaça.

LORDE – Sim, de certos castelos.

LENOX – E de aldeias.
Que podem servir de tocha para o incêndio.

LORDE – Camponês nenhum para mim vale pela Escócia.

LENOX – Pelo Rei da Escócia atiro a Escócia no lixo.

CENA 16
Dunsinane. Macbeth bebe.

MACBETH – Salve Macbeth Salve Rei da Escócia Salve.

Ri até que a coroa lhe cai da cabeça. Ela rola sobre o chão, ele rasteja atrás dela e a apanha com o cetro. Atira-a para o ar, apanha-a novamente com o cetro, gira-a etc. Um mensageiro.

MENSAGEIRO – Notícia da Inglaterra, Senhor, Macduff e Malcom
    Reúnem um exército da escória dos portos
    Para guerrear pela coroa da Escócia.

Sai.
Macbeth coloca a coroa.

MACBETH – O infante Malcom.
    Macduff, a quem precedi no assassinato do Rei.
    Meu melhor inimigo que esqueci de chacinar.
    Que som é esse. A Rainha grita em seu sono.
    Não deveis mais dormir, Rainha.
    Poderíeis denunciar o que Vos faz gritar no sono
    MACBETH ASSASSINA O SONO.
    (ri) O SONO LIVRE
    DE CULPA. Meu pavor chamava-se Banquo.
    Escrevi seu nome no pó.
    Os mortos não vêm para Dunsinane
    As asas angelicais não chegam tão longe.
    Minha sala do trono já não abarca sua multidão.
    Nem mais apodrecem solitários em multidão.
    Dei aos mortos mortos por companhia.
    (ri) SALVE BANQUO MENOR QUE
    MACBETH E MAIOR.

Bruxas.

BRUXAS – Salve Macbeth Salve Rei da Escócia Salve.
MACBETH – Vós. Na vossa charneca eu vos procurei.
BRUXA 1 – Pastamos na relva sangrenta de toda a Escócia, ó Rei.
MACBETH – Vieram a Dunsinane e a subida é árdua.
BRUXA 2 – Para no ápice contemplar-te da tua glória.
BRUXA 3 – Presentes trazemos para tua mesa.
BRUXA 1 – Mão de um recém-nascido. Uma beleza.
    Ontem mesmo entre as coxas da mãe sufocado
    Hoje é ela quem jaz retalhada no machado.
BRUXA 2 – Estômago de cachorro louco

Por onde um camponês passou faz pouco.
BRUXA 3 – Um estandarte real de pele humana feito
Para Dunsinane, erguida firme sobre esqueletos.
MACBETH *(derruba a mesa com os presentes)* –
Que me importa o chão sobre o qual eu ando.

Gargalhada das bruxas. Todo o recinto balança.
Macbeth tomba no chão.

MACBETH *(de quatro)* –
Cedo aprenderei como é lá embaixo
Quero saber é: como fico aqui em cima.
O que será da guerra de Malcom e da ninhada de Banquo.
Dei-vos sangue de beber. Quereis mais.
Dai resposta. Todos os cemitérios da Escócia
Por uma olhada no intestino do tempo.

As bruxas cavalgam-no, arrancam-lhe os cabelos, rasgam-lhe a
roupa, peidam-lhe na cara etc. Finalmente deixam-no caído,
seminu, jogam a coroa uma para a outra dando guinchos
estridentes, até que uma delas a coloca. Luta de unhas
e dentes pela coroa, enquanto uma Grande
Voz fala o texto a seguir.

GRANDE VOZ – Unge-te com sangue, sê como queres um carniceiro
O ser humano um dejeto, sua vida uma gargalhada
Pois ninguém parido por uma mulher
Mostrará à tua morte o caminho para teu corpo.
Sê invencível, até que as árvores caminhem
E o bosque de Birnam marche sobre Dunsinane.

As bruxas desaparecem. Macbeth, nu e de bruços, rasteja em busca
da coroa, recolhe os farrapos de suas roupas etc.

MACBETH – Atirai à espinha dos ventos as igrejas da Escócia
Reduzi suas torres a pó
E amontoai sobre a nobreza da Escócia seus castelos
Deixai minha ressaca beber meus navios
E adubai com meus camponeses o meu chão.
Que temo eu. O que ainda me resta para temer.
NINGUÉM PARIDO POR MULHER FARÁ CAMINHAR

O BOSQUE DE BIRNAM
(coloca a coroa)
Vinde Malcom, e Macduff, para minhas lanças
Fostes lançados ao mundo por mulheres
Das vergonhas sangrentas para vosso caminho rumo ao balcão do açougueiro.
Quem amarra o jugo ao bosque e comanda
As árvores. Não antes que o bosque de Birnam marche
Terá membros a rebelião. Meu tempo está inteiro.
São e salvo até o último pulo Macbeth
Acelera a dança de facas da vida, ameaçado
Por ninguém além da inata morte.
Que me faz suar despido no frio da madrugada.
Meu coração golpeia minhas costelas, cada batida
Uma morte. Não podes contar mais baixo, engrenagem de relógio.
Um instante. Um instante. E de novo.
Isso ressoa como um tambor e eu sou o couro.
Tenho de ouvir isso sempre. Oxalá fosse surdo.
Ainda o ouço. O que não morre mais está morto
Meu viver não é mais longo que meu morrer.
Bate rápido demais. Não sabes manter o compasso.
Já não bate. Sim, tudo quieto. Continua a viver
Carne rebelde. Meu cetro. Minha coroa.
Eu sou Macbeth, Rei, eu comando
A morte na Escócia. O que me aperta a garganta.
As paredes se fecham sobre meu peito.
Como posso respirar numa camisa de pedra.

Pausa.

Meu túmulo ficou aberto por um instante
Na minha língua um sabor de ferro
Minha carne cheira podre. Sou eu aquele que sou.
O estômago de um cachorro não me seria fétido demais
Se eu lhe oferecesse um buraco de escape do meu túmulo.
Pudesse eu regressar à criança que Eu fui.
Quero vestir a pele dos meus mortos
Trajar de podridão minha carne decrépita
E sobreviver a mim na máscara da morte.
Quero multiplicar o exército dos anjos.
Uma muralha de cadáveres contra minha morte.
Tens uma mulher, Macduff. E tens um filho.

Macduff, não tens mais mulher e não tens mais filho.
Soldados.

Cena 17
Lady Macduff com criança (boneco). Macbeth com dois soldados.

Lady Macduff – Que rostos são esses.
Macbeth – Outros rostos já não vereis.

Os soldados matam a criança.

Haveis incubado apenas um ovo, Milady.
Teríeis mais para a chacina. Agora é Vossa vez.

*Lady Macduff sai. Os soldados a perseguem. Ouve-se ela gritar.
Macbeth permanece no palco até que os gritos cessam.*

Cena 18
Soldados arrastam um Lorde acorrentado até Macbeth.

Soldado – Eis o traidor, Senhor. Lá está seu castelo em chamas.
Macbeth – Quem lhes deu ordem para queimar o castelo.
Soldado – De outra maneira, Senhor, não chegaríamos até ele.
Macbeth – Então retirem das cinzas o vosso butim.
  Como quereis pagar, Milorde, a Vossa traição.
Lorde – Como tu a teu tempo serás pago.
Lenox – Com a cabeça, Senhor, como os outros traidores.
Macbeth – Acaso nossa guerra é para dar comida aos abutres.
  Nosso exército engorda os vermes da Escócia.
  Ele era Vosso amigo, não.
Lenox – Até que Vos traiu, Senhor.
Macbeth – O que Vos faz ansiar por sua cabeça. Amor
  À Escócia, ou medo de que ele pudesse trair algo mais do
  Que a Escócia.
Lenox – Senhor, com minha própria espada quero fazê-lo.
Macbeth – Quereis fazê-lo. Bem, não vou exigir penhores
Enquanto o medo mantiver vossa lealdade. –
  As cinzas de Vossos bens não Vos purificam.
Lorde – E tuas cinzas não te lavam do sangue
  Em que chafurdas. Sabes nadar, cão sanguinário.

Macbeth – Ele tem filosofia. Muito apropriado. Quereis
   Ser meu bobo da corte e andar de quatro
   Na coleira e falar contra mim, Milorde
   Quando estivermos a sós. Falta-Nos diversão
   Em Dunsinane. São poucas as coisas novas, até mesmo
   No céu. E há cada vez menos. Que tal, Milorde.

   Soldados riem. Lorde cospe na cara de Macbeth. Pausa.

   Ele quer devolver-me a saliva
   Que bebeu à minha mesa

   Lenox e Rosse limpam-lhe o cuspe.

   Ao vosso lado, quando ainda era honrado, como vós sois.
   Ele ainda o é, um honrado traidor
   Que paga sua conta antes de descer à sepultura.

   Soldados riem.

   O pagamento tampouco te limpa da traição
   Nem limpa-me do sangue, de outros ou do teu
   Que logo vomitarás em tuas faces.
Soldado – Vamos ensiná-lo, Senhor, a andar de quatro e
   Na coleira. Sabeis dançar, Milorde.

   Soldados, com o Lorde atado pelo pescoço, fazem-no dançar com as lanças.

   Cadê a viúva. Ela tem de ver ele dançar.

   Outros soldados trazem a Lady.

Rosse – Eu peço, Senhor, não deixeis a Lady à mercê
   Da canalha, que hoje faz deste o seu judas
   E amanhã aquele outro.
Macbeth – Ela Vos agrada. Tomai-a.
   Compartilhai-a com Lenox, Vosso amigo e também meu.
   (para os soldados)
   O que quer que pesqueis dos escombros
   O ouro pertence à Coroa. Que o necessita
   Para armar-se contra a Inglaterra.
   (indicando o Lorde) –
   Isto pertence a vós.
Soldados – O que devemos fazer com ele.

Macbeth – O que quiserdes.
Soldado 1 *(para o prisioneiro)* –
  Senhor, quereis virar Rei.
Soldado 2 *(de quatro)* – Teu trono, Majestade.
Soldado 3 *(enfia na cabeça do prisioneiro um elmo cheio de terra)* –
  Aqui tua coroa.
Soldado 1 – Ele não quer ser Rei.
Soldado 2 *(atira o prisioneiro ao chão)* –
  Ainda falta a unção.

Arrastam o prisioneiro no chão pela corda.

Rosse – Eles fazem troça
  Da Majestade escocesa.
Macbeth – Me diverte.
  Diverte também os meus soldados.
  Invejais nossa diversão, Sir.
Soldado 4 – Deixai-me. Nós temos um assunto, o Lorde
  E eu. Meu pai morreu de uma dívida de arrendamento
  Digníssimo Senhor, e eu como filho leal quero
  Liquidar a sua conta. E não antes que fiqueis
  Como meu pai ficou quando Vossos cães
  Terminaram com ele, depois de o dilacerarem
  Senhor, no pátio de Vosso castelo como espetáculo
  para Vossas damas, estaremos quites, Senhor.
  Agora eu dou à Vossa dama o espetáculo
Soldado 1 – Eu estou nessa.
Soldado 2 – Eu sempre quis saber
  Como um Senhor é por debaixo da pele.
Soldado 3 – Talvez a gente ache o que faz dele um Senhor.
Soldado 1 – Vamos despi-lo todo até chegar na alma.

Os soldados esfolam vivo o prisioneiro.

Macbeth *(assistindo)* –
  Pareceria que eles leram Ovídio – "POR QUE
  ME PRIVAS DE MIM MESMO, GRITOU MÁRSIAS
  MAS ENQUANTO GRITAVA O DEUS ARRANCOU-LHE A PELE
  DE SOBRE OS MEMBROS E ELE TODO ERA UMA CHAGA,
  VISÍVEIS AOS OLHOS OS FEIXES DOS MÚSCULOS,

O SISTEMA DAS VEIAS DESCOBERTO
E COM AS MÃOS PODIA-SE TOCAR
AS ENTRANHAS". Por que foges, mulher.
Os padres mentem. Não apenas sois um só corpo.
Rosse *(baixinho)* – Mársias era um camponês.
Macbeth *(ri)* – Os tempos mudam.

*O dono do castelo, trucidado, pende de cabeça para baixo
no portão carbonizado.*

Soldado 4 – Reconheceis o camponês, Senhora, que
Aprendeu a lição com Vossos cães.
Rosse e Lenox – Isto é a insurreição.
Macbeth – Sim, fino é o gelo
No qual assamos nossos camponeses. Ajudai-Nos
A sustentar o trono, e o trono vos sustentará.
Soldados. Amais vosso Rei.
Soldados – Salve
Macbeth Rei da Escócia.
Macbeth *(indicando o Soldado 4)* –
Acabem com ele.

Longo silêncio. Os soldados então cumprem a ordem.

Cena 19
Médico. Dama de Honra.

Médico – Haveis visto como ela caminhava no sono.
Dama de Honra – Sim
E suas mãos lavava no ar vazio.
E daqueles que a viram comigo ninguém mais vê.
Médico – Rara perturbação da natureza: caminhar
No sono e lavar as mãos com ar.
O que a escutais dizer em seu sono.
Dama de Honra – O que a Vós não irei repetir, Sir
Médico – No médico podeis confiar. Deveríeis dizê-lo Milady.
Dama de Honra – Nem a Vós nem a ninguém. Não sem testemunhas
Sir, que confirmem minha palavra. – Ela vem.

Lady Macbeth.

Médico – Com os olhos abertos.
Dama de Honra – Sim, porém ela não vê.
Médico – O coração é um espaçoso cemitério.
Dama de Honra – Vede.
Lady Macbeth – Outra mancha aqui. De novo. Como se voltasse a nascer.
Médico – Ela fala. Vou anotar o que diz.
Lady Macbeth – Fora, sujeira. Lava tuas mãos, amado.
   Eis o sino. É tempo de fazê-lo, Senhor.
   Como, um soldado e medo. Quem saberá disso
   O que temeremos quando nosso poder for lei.
   Quem podia pensar que tens tanto sangue
   Dentro de ti, velho.
Dama de Honra – Anotai isso também, Sir.
Lady Macbeth – Macduff tinha uma mulher. E não tem mais filho.
   O que, estas mãos não ficam mais brancas.
   Basta disso. É só uma cadeira, nada mais.
   Não podes retornar do túmulo
   Estou dizendo. Ainda e sempre cheira a sangue aqui.
   Para quem, Senhor, é o punhal em Vossa mão.

Sai.

Dama de Honra – Acabou a Vossa tinta, Sir.
Médico – O caso está além da minha práxis, Milady.
   Também eu conheci esse e aquele que vagava
   Durante o sono e morreu na cama por vontade de Deus.
Dama de Honra – Estamos em guerra com a Inglaterra, Sir. Anotai.
Médico – Não eu, Milady. Estamos em guerra com a Inglaterra.

Engole o que escreveu.

Cena 20
Lenox e Rosse com soldados, de direções diferentes.

Rosse – Para onde, Milorde.
Lenox – Para onde está a vitória.
Rosse – O caminho aqui vai
   Para Dunsinane.
Lenox – Meu caminho para Dunsinane

Passa por Birnam.
ROSSE – Onde estão as tropas da Inglaterra.
LENOX – E o Rei da Escócia.
ROSSE – Sir, isto é traição.

Os soldados de ambos lados alinham-se em frentes contrárias.

LENOX – A quem. O que Vos apetece mais, Milorde,
(aos soldados de Rosse) e a vós:
    Poeira escocesa ou cerveja inglesa.
SOLDADOS – Para Birnam.

CENA 21
Macbeth. Médico. Mensageiros.

MACBETH – Poupai-me de vossos informes. Eles que fujam todos.
    Até que o bosque de Birnam marche sobre Dunsinane
    Medo algum me colore. Quem é Malcom. Um garoto
    Nascido de mulher, pelas putas de Londres
    Pintado de atrevimento, que se traveste
    De coragem no suor dos seus leitos. Correi, Milordes
    À frente de vossos camponeses na ânsia por sua saliva
    Da minha já vos alimentastes o bastante
    E rastejai pra baixo das saias da Inglaterra.
    Arraigada firme em meu crânio está
    A coroa, e o coração que aqui trago
    Não bate mais rápido hoje do que no primeiro dia.

Mensageiro.

    O diabo te vire na brasa e te preteje. Seu cara de queijo.
    Onde arranjaste esse olhar de pateta, homem.
MENSAGEIRO – São dez mil –
MACBETH – Patos?
MENSAGEIRO – Soldados, Senhor.
MACBETH – Risca essa tua cara, palhaço, e pinta de vermelho
    O teu medo, antes que eu mande te esculpir um rosto novo
    Fígado de farinha. Que soldados, cachorro.
    A morte leve tua alma. Essa mortalha
    Que tens debaixo do elmo esguicha o pânico por aí.

Queres que te deixe balançando ao sol para secar.
Que soldados, cara de manteiga.
MENSAGEIRO – O exército
Da Inglaterra, Senhor, com Vossa vênia. E, Senhor –
MACBETH – Some daqui com essa cara.

Mensageiro sai.

Seyton, meu estômago cruza os braços
Quando vejo o meu povo. Seyton. Esta guerra
Prende-me com correntes ao trono da Escócia
Ou me precipita no abismo. Vivi tempo bastante
Meu caminho levou ao deserto[1], sob as botas
Ainda sussurram as folhas secas. O que de costume cabe à idade
Honras, amor, obediência, um exército
De amigos, tudo isso me exclui. Meu quinhão são
Maldições por trás da mão às minhas costas
Enquanto os punhais ainda são curtos demais, agora
Eu os vejo crescer. Honra da boca pra fora e, por medo
De meus punhais, serviço leal, ao qual com prazer
A canalha pobre renunciaria e não se atreve.
Seyton.

Seyton.

SEYTON – Qual é Vosso desejo, Senhor.
MACBETH – Notícias.
SEYTON – O informe foi confirmado.
MACBETH – Minha armadura.
 Lutaremos até que de meus ossos
 Seja extirpada minha carne.
SEYTON – Ainda não é o tempo, Senhor.
MACBETH – Enviai mais soldados. Passai a limpo essa Escócia
 Enforcai quem choramingar de medo. Dai-me a armadura.
 Como vai tua doente, doutor.
MÉDICO – Não tão doente
 Senhor, quanto acossada por árduas fantasias
 Com as quais vagueia no sono.
MACBETH – Cura-a disso

---

1. Referência ao bíblico bode expiatório, que era enxotado pelo povo para o deserto (N. do T.).

Não podes socorrer um espírito enfermo
Desarraigar da memória uma dor
Apagar o que o tormento escreve no cérebro.
Não tens algum remédio que desenterre do peito
O peso que oprime o coração, um doce esquecimento.
MÉDICO – Neste caso o paciente tem de ser seu próprio médico.
MACBETH – Atira tua arte aos cães, não a mim
Ajudai-me com a armadura. Minha lança.
Enviai cavaleiros, Seyton. Doutor, meus lordes fogem
De mim. Apressai-vos. Poderias, médico
Extrair de meu país os líquidos, já extorqui
O bastante suas veias, diagnosticar
Sua enfermidade e lavar seu corpo
Tão maltratado até a antiga saúde.
Meu aplauso a ti seria certo e o eco
Do meu aplauso. Arranca a correia, homem
Se ela não quer segurar. Um buraco na armadura
Não é o que eu temo. Não tens algum purgante
Médico, contra a Inglaterra. Meu elmo. E segura
A coroa. Queres tê-la para ti. O que é que mais
Temes, Seyton.
SEYTON – Uma bolsa vazia.
MACBETH – Aqui tem uma cheia. Coloca-a sobre meu túmulo
Quando estiver vazia.
SEYTON – Senhor, eu espero que sobrevivais a ela.
MACBETH – Ei. Amas teu Rei, Seyton.
SEYTON – Não, Senhor.
MACBETH – Então por que queres que eu viva, Seyton.
SEYTON – Porque somos uma só carne diante dos cães da Inglaterra.
MACBETH – Se enfiares a lança em minhas costas já não o seremos.
SEYTON – Sim, Senhor.
MACBETH *(dá-lhe sua lança)* – Carrega isso para mim.

Sai, dando as costas para Seyton, que o segue.

MÉDICO – Cheira a morte em Dunsinane. Vim para cá
Por riquezas. Quem dera ainda fosse pobre.

Uma aia passa correndo pelo palco.

Madame
Tendes uma cama para mim.

Sai atrás da aia.

Cena 22

Soldados perseguem um camponês. O camponês cai ao chão.

Soldado 1 *(sobre o camponês)* –
Por que corres, camponês, fugindo dos soldados do Rei. *(ameaça-o com a arma)* Tens medo.
Camponês – Sim, Senhor.
Soldado 2 – Ele tem medo. Isso é a forca, camponês.
Camponês *(em desespero)* – Viva o Rei.
Soldado 1 – Qual Rei, patife.
Camponês – O da Escócia.
Soldado 2 *(ardiloso)* – Sabes o nome dele
Camponês *(após uma pausa, aliviado)* – Duncan, Senhor.
Soldado 1 – Isso é a forca de novo. Vamos ter de te enforcar duas vezes. Macbeth é o nome de nosso misericordioso Rei e Senhor da Guerra, que te dá de presente essa corda, camponês, para que aprendas a voar. Guarda bem esse nome para toda a eternidade.

O camponês reza.

Soldado 2 *(põe-lhe o laço ao redor do pescoço)* –
Amém.

Soldados ingleses surgem, atacam e põem em fuga os soldados escoceses e saem perseguindo-os. O camponês tira a cabeça do laço e se dispõe a fugir dali. Os soldados ingleses voltam e o agarram.

Camponês *(em pânico)* – Salve Macbeth, Rei da Escócia.
Soldado Inglês – Este foi teu último "salve". Nós te enforcaremos por esse nome, cão, como um inimigo da Escócia.

Colocam-lhe a corda de volta no pescoço. Soldados escoceses surgem, atacam e põem em fuga os soldados ingleses e saem perseguindo-os. O camponês tira a cabeça do laço e fica ali sentado.

Camponês – Vou me enforcar antes que os soldados voltem, sejam lá estes ou aqueles. O mundo está indo depressa demais para minha pobre cabeça. Ao menos não vou sofrer muito, é uma corda boa. *(Põe a corda de volta no pescoço)* Vinde Senhor Jesus.

Cena 23
Macbeth. Seyton. Soldados.
Gritos – "Estão vindo."

Macbeth – Pendurem nossos estandartes na muralha externa.

Saem soldados.

Gritam. De que têm medo. Como se suas vidas
Não fossem morte o bastante. Ide, acabai com esses gritos.

Soldados saem. Barulho de golpes. Silêncio.

Estão vindo. Nossa fortaleza é a ponta-de-lança da Escócia.
Que Malcom exercite nela seus dentes-de-leite.
E meus Lordes, que se amontoavam aqui
Com as mãos de seus camponeses, que arranhem
Minhas pedras com essas unhas que
Eu permiti crescer demais, e que fiquem diante delas
Até que se espicacem uns aos outros e a fome
Os devore a todos e a peste os corroa. Nós
Lhes teríamos arrancado a barba
Escorraçando a Inglaterra de volta para a Inglaterra, cada um deles.
Que barulho é esse.
Seyton – Gritos de mulheres, Senhor.

Sai.

Macbeth – Já esqueci que gosto tem o suor do meu medo
Houve um tempo em que um grito na noite me deixaria gelado
E diante de horrores narrados meu cabelo se eriçava
Como se estivesse vivo. Com a ração do horror fiz minha engorda.
E os fantasmas agora se tratam de tu com a
Carne do meu cérebro.

Seyton.

Seyton. Por que a gritaria.

Seyton – A rainha, Senhor, está morta.
Macbeth – Ela podia ter morrido mais tarde. Ou antes.
 Quando ainda era tempo para uma palavra que não significa nada.
 Tens algo a lastimar, Seyton.
Seyton – Não.
Macbeth – Queria que me pudesses emprestar uma dor
 Para que eu soubesse que meu coração vive. Seyton, por que
 Não queres me trair.
Seyton – Por que eu deveria.
Macbeth – Sim. – Amanhã e amanhã e amanhã. Isso se arrasta
 Com este passo curto dia após dia
 Até a última sílaba. O resto está fora do tempo.
 Todos nossos ontens, levados pela coleira por cegos
 Até o Nada cheio de pó. Sabes de alguma outra coisa, Seyton.
 Acaba, breve chama. A vida uma sobra errante.
 Um pobre ator que se pavoneia e resiste
 Sobre seu palco por uma hora
 E depois não é mais escutado. Um conto de fadas narrado
 Por um louco, cheio de ruído e fúria
 Significando nada.
Voz *(canta)* –
 Suas vestes de seda tiraram
 E taparam com elas o buraco
 Mas as ondas assim mesmo entraram
 Pelo casco de seu belo barco
Macbeth – Este aí espera pela morte
 Como se fosse uma cópula.
Seyton – Espera pela Vossa, Senhor.
Macbeth – Assim como eu.
 Vamos enfiar bem os rostos nos elmos
 Quando chegar a noite, Seyton. Nada mais de estrelas[2].

Mensageiro.

Tens algo na ponta da língua. Cospe logo fora.
Mensageiro – É meu dever relatar o que vi
 E não sei, digo eu, como relatar.
Macbeth – Fala, homem

---

2. Possível referência à "Lenda do Soldado Morto" (*"Legende vom toten Soldaten"*), poema antimilitarista de Brecht: "Podiam, se não tivessem capacetes postos, ver as estrelas da terra natal" (N. do T.).

MENSAGEIRO – Eu estava de sentinela sobre aquele monte
   E olhei na direção de Birnam e me pareceu
   Que o bosque começava a andar.
MACBETH – Mentes, escravo.
MENSAGEIRO – Que eu experimente Vossa cólera se não for verdade.
   Por três milhas de largo podeis ver como se aproxima.
   O bosque tem boas pernas, Senhor.
MACBETH – Se for falso o que dizes
   Serás pendurado vivo na árvore mais próxima
   Até que a fome te envolva com seus grilhões. Se tua fala for verdade
   Não me importa que faças o mesmo comigo.

Outro mensageiro.

MENSAGEIRO 2 – O bosque, Senhor.
MACBETH – Não tens nada mais a relatar.
   Será que nada mais acontece além de que um bosque se põe em marcha.
   (Mensageiros saem ligeiros)
   Por que tanta pressa. Meu lugar é a árvore.
   Minha coragem faz água, Seyton. Meu escudo.
   Malditas sejam as mulheres barbudas. NADA TEMAS
   ATÉ QUE O BOSQUE DE BIRNAM MARCHE CONTRA
   DUNSINANE. Como elas mentem através da verdade.
   Leva soldados contigo, Seyton, e abate
   Quem erguer um pé para fugir. Mulheres também.
   E prega os mortos no alto do muro. Vamos
   Fazer com que o bosque nos tema, empalidecer o seu verde.
SEYTON – A Lady também, Senhor.
MACBETH – Que Lady.
   Um morto é um morto. E, Seyton, atirai tochas sobre o bosque
   Quero só ver se as cinzas permanecem de pé.

Seyton sai. Ruído de luta. Clarão de fogo.

Deixa-me o rosto em paz, sol. Já estou
Cansado de ver-me em ti. Fosse eu a tua sepultura,
Mundo. Por que devo eu acabar e tu não.

Seyton, ferido.

Seyton – O bosque queima e o que saiu debaixo das cinzas
    Vem subindo para Dunsinane
    O exército da Inglaterra e o exército da Escócia.
Macbeth – Meu exército –
Seyton – Está abrindo os portões ao inimigo.
    Eu sou Vosso exército.
Macbeth – Procura um buraco para ti
    Na muralha. Que estás esperando.
Seyton – Nada, Senhor.
Macbeth – Não queres viver.
Seyton – Sir, viver me aborrece.

Morre.

Macbeth – Eles me amarraram a um tronco.
    O que o urso pode fazer. Esperar pelos cães.
    Acaso devo fazer papel de romano e tragar
    Minha espada.

*Soldados, alguns cobertos de cinzas e com
as roupas queimadas.*

Eis aí outras vidas, onde
Os talhos fazem melhor figura. Vós, vinde aqui.

Macbeth mata um soldado que o ataca.

Onde está aquele por nenhuma mulher parido.
Macduff – Olha a teu redor, cão sanguinário. Nenhum corpo de mulher
    Lançaria à terra um número de filhos como estes
    Que aqui estão para cobrar teu sangue finalmente.
Macbeth – Céu e inferno uma mesma vingança têm.
    Minha morte não lhes melhora o mundo que vem.

Os soldados cravam-lhe as lanças, saqueiam o cadáver.

Macduff – A cabeça pertence à Coroa.

*Um soldado traz na ponta de uma lança a cabeça de Macbeth.
Malcom. Rosse e Lenox.*

Salve Malcom
Rei da Escócia. Vede quão alto subiu aquele que
Vos antecedeu. Aprendei com seu exemplo.

Malcom – Ficai sabendo
   Não podeis brincar com o infante Malcom.
   Para Vossa cabeça há lugar em minha lança.

*Malcom ri. Rosse e Lenox apontam para Macduff.
Soldados o matam.*

Malcom – Acaso eu disse que o queria. Estivesse eu ainda na Inglaterra.

Malcom chora. Soldados colocam-lhe a coroa. Bruxas.

Bruxas – Salve Malcom Salve Rei da Escócia Salve.

BIBLIOGRAFIA

BENJAMIN, Walter. *Documentos de Cultura. Documentos de Barbárie. Escritos Escolhidos.* Seleção e apresentação Willy Bolle. São Paulo, Cultrix/Edusp, 1986.
_____. *Gesammelte Schriften.* Frankfurt, Suhrkamp, 1974.
_____. *Versuche Über Brecht.* Frankfurt, Suhrkamp, 1985.
_____. *Walter Benjamin.* São Paulo, Ática, Coleção Grandes Cientistas Sociais n. 50, Trad. Flávio René Kothe. 1985.
_____. *Walter Benjamin. Obras Escolhidas.* Trad. Sérgio Paulo Rouanet. São Paulo, Brasiliense, 1985.
BRECHT, Bertolt. *Bertolt Brecht. Gesammelte Werke.* Frankfurt, Suhrkamp, 1967.
_____. *Bertolt Brecht Werke. Grosse kommentierte Berliner und Frankfurter Ausgabe.* Berlin/Weimar, AufbauVerlag und Frankfurt, Suhrkamp, 1994.
_____. *Versuche.* Berlin, 1930.
_____. *Arbeitsjournal.* Frankfurt, Suhrkamp, 1973.
_____. *Der Jasager Und Der Neinsager. Vorlagen, Fassungen und Materialien.* Frankfurt, Suhrkamp, 1966.
_____. *Untergang Des Egoisten Johann Fatzer Grosse Berliner und Frankfurter Ausgabe.* Berlin, Aufbauverlag/Frankfurt, Suhrkamp, 1994.
_____. *Histórias do Sr. Keuner.* São Paulo, Brasiliense, 1989.

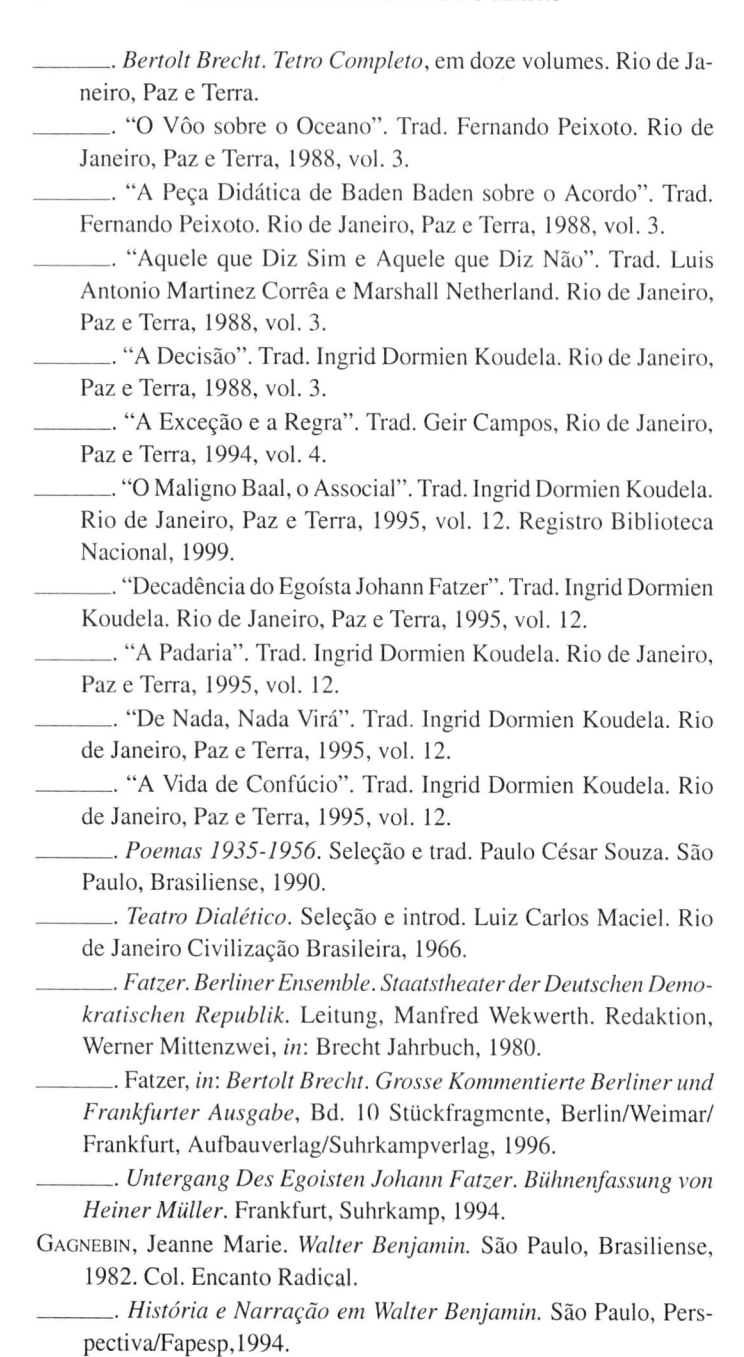

_____. *Bertolt Brecht. Tetro Completo*, em doze volumes. Rio de Janeiro, Paz e Terra.

_____. "O Vôo sobre o Oceano". Trad. Fernando Peixoto. Rio de Janeiro, Paz e Terra, 1988, vol. 3.

_____. "A Peça Didática de Baden Baden sobre o Acordo". Trad. Fernando Peixoto. Rio de Janeiro, Paz e Terra, 1988, vol. 3.

_____. "Aquele que Diz Sim e Aquele que Diz Não". Trad. Luis Antonio Martinez Corrêa e Marshall Netherland. Rio de Janeiro, Paz e Terra, 1988, vol. 3.

_____. "A Decisão". Trad. Ingrid Dormien Koudela. Rio de Janeiro, Paz e Terra, 1988, vol. 3.

_____. "A Exceção e a Regra". Trad. Geir Campos, Rio de Janeiro, Paz e Terra, 1994, vol. 4.

_____. "O Maligno Baal, o Associal". Trad. Ingrid Dormien Koudela. Rio de Janeiro, Paz e Terra, 1995, vol. 12. Registro Biblioteca Nacional, 1999.

_____. "Decadência do Egoísta Johann Fatzer". Trad. Ingrid Dormien Koudela. Rio de Janeiro, Paz e Terra, 1995, vol. 12.

_____. "A Padaria". Trad. Ingrid Dormien Koudela. Rio de Janeiro, Paz e Terra, 1995, vol. 12.

_____. "De Nada, Nada Virá". Trad. Ingrid Dormien Koudela. Rio de Janeiro, Paz e Terra, 1995, vol. 12.

_____. "A Vida de Confúcio". Trad. Ingrid Dormien Koudela. Rio de Janeiro, Paz e Terra, 1995, vol. 12.

_____. *Poemas 1935-1956*. Seleção e trad. Paulo César Souza. São Paulo, Brasiliense, 1990.

_____. *Teatro Dialético*. Seleção e introd. Luiz Carlos Maciel. Rio de Janeiro Civilização Brasileira, 1966.

_____. *Fatzer. Berliner Ensemble. Staatstheater der Deutschen Demokratischen Republik*. Leitung, Manfred Wekwerth. Redaktion, Werner Mittenzwei, *in*: Brecht Jahrbuch, 1980.

_____. Fatzer, *in*: *Bertolt Brecht. Grosse Kommentierte Berliner und Frankfurter Ausgabe*, Bd. 10 Stückfragmente, Berlin/Weimar/Frankfurt, Aufbauverlag/Suhrkampverlag, 1996.

_____. *Untergang Des Egoisten Johann Fatzer. Bühnenfassung von Heiner Müller*. Frankfurt, Suhrkamp, 1994.

GAGNEBIN, Jeanne Marie. *Walter Benjamin*. São Paulo, Brasiliense, 1982. Col. Encanto Radical.

_____. *História e Narração em Walter Benjamin*. São Paulo, Perspectiva/Fapesp,1994.

Korrespondenzen. Zeitschrift für Theaterpädagogik 9 (1994), h. 19/20/21 Brecht-Lehrstücke, S.1-126.

KOUDELA, Ingrid D. *Brecht: Um Jogo de Aprendizagem*. São Paulo, Perspectiva/Edusp, 1991.

_____. *Brecht na Pós-Modernidade*. São Paulo, Perspectiva, 2001.

_____. *Um Vôo Brechtiano. Teoria e Prática da Peça Didática*. São Paulo, Perspectiva/Fapesp,1992.

_____. *Texto e Jogo. Uma Didática Brechtiana*. São Paulo, Perspectiva/Fapesp, 1996.

_____. e GUINSBURG, J. "O Teatro da Utopia: Utopia do Teatro?" *in*: SILVA, Armando S. (org.) *Diálogos Sobre O Teatro*. São Paulo, Edusp, 1992, pp. 141-160.

_____. "Das TheaterSPIEL bei Brecht", *in: Korrespondenzen* 8 (1993), Heft 15, S. 27-30.

_____. "Das Lehrstück – Bestandaufnahme und Entwicklungs perspektive in der brasilianischen Theaterpädagogik", *in: Korrespondenzen* (1994), Heft 19/20/21, S. 99-101.

_____. "Der Kollektive Kunstakt", *in: Korrespondenzen* (1999), Heft 34, S. 24-26.

_____. *"Lehrstück Und Episches Theater*. Brechts Theorie und die theaterpädagogische *Praxis. Nachwort*", *in*: STEINWEG, Reiner Frankfurt, Brandes & Apsel, 1995.

MAIER-SCHAEFFER. *Heiner Müller Et Le Lehrstück*. Paris, Peter Lang, 1992.

MÜLLER, Heiner. *TEXTE*. Berlin, Rothbuch/Verlag der Autoren, 1974-1989, 11 Bände.

_____. *Theaterarbeit*. Berlin, Rothbuch/Verlag der Autoren, 1975.

_____. *Gedichte*. Berlin, Rothbuch/Verlag der Autoren 1992.

_____. *Rothwelsch*. Berlin, Merve Verlag, 1982.

_____. *Gesammelte Irrtümer: Interviews und Gespräche*. Frankfurt, Verlag der Autoren, 1986.

_____. *Gesammelte Irrtümer 2. Interviews und Gespräche*. Frankfurt, Verlag der Autoren, 1990.

Untergang Des Egoisten Johann Fatzer. Berlin, Henschelverlag, 1985 (manuscrito).

_____. *Teatro de Heiner Müller*. São Paulo, Hucitec, 1987.

_____. *A Missão e Outras Peças*. Lisboa, apáginastantas, 1983.

_____. *Medeamaterial e Outros Textos*. São Paulo, Paz e Terra, 1993.

RÖHL, Ruth. *Teatro de Heiner Müller. Modernidade e Pós-Modernidade*. São Paulo, Perspectiva, 1997.

SCHMIDT, Ingo u. VASSEN, Florian. *Bibliographie Heiner Müller 1948 – 1992*. Bielefeld, Aisthesisverlag, 1993.

STORCH, Wolfgang. *Explosion Of A Memory. Heiner Müller DDR. Ein Arbeitsbuch*. Berlin, Edition Hetrich, 1988.
STEINWEG, Reiner. *Das Lehrstück. Brechts Theorie einer politisch aesthetischen Erziehung*. Stuttgart, Metzler, 1972.
SZONDI, Peter. *Theory Of Modern Drama*. Cambridge, Polity Press, 1987.
_____. *Bertolt Brecht. Der Jasager Und Der Neinsager. Vorlagen, Fassungen, Materialien*. Frankfurt, Suhrkamp, 1966.
VASSEN, Florian. "Bertolt Brechts Learning Play: Genesis und Geltung des Lehrstücks", *in*: *The Brecht Yearbook 20*. Madison, 1995, S. 201-215.

ÍNDICE DAS FIGURAS:

Capa e pág.2:
Sergio Kon, *Retrato de Heiner Müller*, bico de pena, 2003.
Pág. 20:
Heiner Müller, rabiscos durante um ensaio de *GuerraS CIVIS*, Colônia, 1984.
Pág. 44:
Cena de *A Missão*, no Volksbühne, Berlim, 1980.
Pág. 64:
Heiner Müller – De l'Allemagne, no Petit Odéon, Paris, 1983.
Pág. 120:
Margarita Broich, da série para *Medéia*, 1982.
Pág. 122:
A. R. Penck, *Para Rosa Luxemburgo, a Cidade Fantasma* do Ciclo de *Volokolamster Chaussee IV-V*, litografia, 1988.
Pág. 132:
Macbeth, no Volksbühne, Berlim, 1981.

TEXTOS NA CRÍTICA

Um volume de extraordinário valor como objeto, cuidadíssimo sob o ponto de vista da editoração, *Marta, a Árvore e o Relógio*, se coloca em primeiríssimo plano de nosso universo bibliográfico.
Nogueira Moutinho, *Folha de S. Paulo*, 23/11/1970.

Deve-se à Editora Perspectiva o mais importante lançamento de Jorge Andrade: através deste volume tem-se o retrato de um trabalho de criação que permite situar o autor em plano de relevo na literatura brasileira.
Francisco Iglesias, *O Estado de S. Paulo*, 07/03/1971.

No setor da poesia, o lançamento mais importante no segundo semestre foi a *Antologia dos Poetas Brasileiros da Fase Colonial*, organizada por Sérgio Buarque de Holanda.
Sérgio Braga, *Diário Mercantil*, 30/12/1979.

E foi sua grande opção como escritor[...] É o que se verifica na bela edição dos *Textos Críticos*, de Augusto Meyer, organizada pelo professor João Alexandre Barbosa e publicada pela Perspectiva [...]
Moacir Amâncio, *O Estado de S. Paulo*, 19/10/1986.

Saindo postumamente em terceira edição, "revista e ampliada", o clássico *Panorama do Movimento Simbolista Brasileiro*, de Andrade Muricy, [...] nada perdeu da condição de clássico, não foi superado por nenhuma empresa semelhante posteriormente realizada, nem, com certeza, será jamais desqualificado pelas que eventualmente se lhe seguirem.
Wilson Martins, *Jornal da Tarde*, 30/04/1988.

A edição de *Dibuk*, organizada por J. Guinsburg, procede a um verdadeiro inventário da obra. Guinsburg não se limita a traduzir e publicar a peça, mas a cercá-la de análises e informações que mapeam o universo de onde, indiscutivelmente, Marc Chagall retirou as imagens que povoam as suas cenas judaicas. Além da fundamentação histórica e social para a emergência do texto, Guinsburg reúne críticas de montagens do *Dibuk* no Brasil e no exterior e um capítulo exemplar, pela erudição, clareza e rigor intelectual, de Anatol Rosenfeld: "Um Drama do Hassidismo". A compilação de Guinsburg é tão mais engenhosa quanto maior é a sua preocupação em revelar ao leitor não familiarizado com a cultura judaica o caráter dessa cultura, os seus elementos intrínsecos e, em especial, a relação da religiosidade com arquétipos ancestrais.
Macksen Luiz, *Jornal do Brasil*, 23/07/1988.

A Editora Perspectiva está de parabéns com este livro de *Ensaios*, de Thomas Mann. Reuniu um gigante do espírito universal a outro sábio, nuclear na cultura brasileira contemporânea: Anatol Rosenfeld.
Roberto Romano, *Leia*, 03/1988.

Só agora, porém, no volume *Ensaios*, é que o leitor brasileiro poderá encontrar uma amostra significativa do pensamento teórico do romancista.
Nelson Ascher, *Folha de S. Paulo*, 12/03/1988.

"Quatro Diálogos em Matéria de Representação Cênica" e "Comédia do Matrimônio", que a editora Perspectiva publica em *Leone de 'Sommi: Um Judeu no Teatro da Renascença Italiana*, não só enriquecem a cultura teatral brasileira, como também aproximam do público de teatro uma obra capital para a gênese da cena contemporânea.
Marco Veloso, *Folha de S. Paulo*, 10/1989.

Leone de 'Sommi: Um Judeu no Teatro da Renascença Italiana, indispensável na biblioteca do teatrólogo brasileiro, reafirma mais uma vez o peso e importância da Perspectiva no campo do teatro. Como se fosse preciso.
Alberto Guzik, *Jornal da Tarde*, 21/10/1989.

A Perspectiva, em sua segunda incursão nesse terreno (a primeira foi com o belíssimo, desde o título, *Marta, a Árvore e o Relógio*, de Jorge Andrade) lança num só tomo quase todas as peças de Consuelo de Castro, sob o título de *Urgências e Rupturas* [...]
Maria Lúcia Pereira, *O Estado de S. Paulo*, 10/1989.

Do Teatro no Teatro, de Pirandello, reapresenta um artista mais fecundo e instigante do que é voz corrente.
Nelson de Sá, *Folha de S. Paulo*, 30/10/1999.

A variedade de editoras e versões disponíveis torna muito bem-vindos esses dois volumes da Perspectiva, que nos oferecem uma coletânea aos cuidados de J. Guinsburg, não por acaso nosso mais assíduo tradutor de Diderot [...] Às traduções antigas a nova edição junta uma porção de novas [...] Difícil escrever sobre uma obra tão múltipla. A seleção permite que a gente se demore um pouco sobre duas grandes vocações de Diderot: o materialismo e a conversação.
Franklin de Matos, "Jornal de Resenhas", *Folha de S. Paulo*, 11/11/2000.

[...] *Makunaíma e Jurupari – Cosmogonias Ameríndias*, organizado por Sérgio Medeiros, [revela] um aspecto da tradição e identidade cultural brasileiras.
Ubiratan Brasil, *O Estado de S. Paulo*, 15/09/2002.

Mas, além de ficcionista e pensador, Elias Canetti foi também bom dramaturgo, o que se pode avaliar com o lançamento de *Canetti: O Teatro Terrível*.
Fernando Marques, *Cult*, 02/2001.